# Conectados pero Vulnerables

## La Cara Oculta de las Redes Sociales

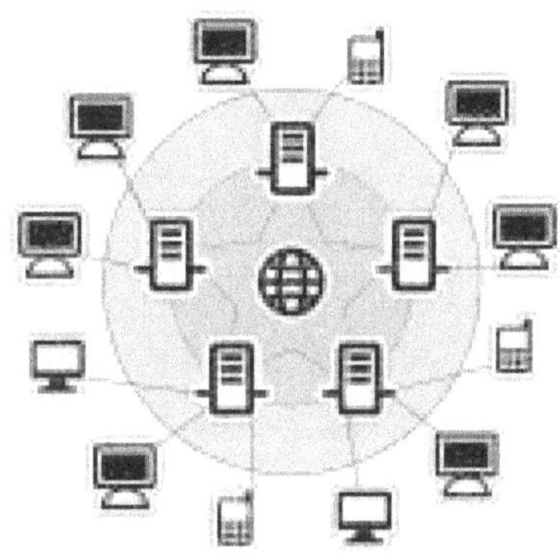

# Marcus. W. Oliver

## Editorial Anuket

**Contenido:**

Introducción

# Introducción:

Las relaciones sociales han sido una parte integral de la experiencia humana desde tiempos inmemoriales. Desde las primeras comunidades humanas hasta las complejas interacciones en el mundo digital actual, la forma en que nos relacionamos ha evolucionado drásticamente. Este libro examina la importancia de las relaciones sociales, su evolución a través de diferentes épocas y sus puntos fuertes y negativos en cada etapa, culminando en el impacto del internet y las redes sociales en nuestras interacciones actuales.

Las relaciones sociales son fundamentales para nuestro bienestar emocional y psicológico. Nos proporcionan apoyo, validación y una sensación de pertenencia. A través de las relaciones, desarrollamos habilidades sociales, aprendemos a comunicarnos y a resolver conflictos, encontramos un sentido de identidad y propósito. Además, las relaciones sociales pueden influir en nuestra salud física, ya que las personas con redes de apoyo sólidas tienden a vivir más y experimentar menos problemas de salud.

## La Evolución de las Relaciones Sociales

### 1. Las Comunidades Primitivas

En las primeras comunidades humanas, las relaciones sociales se centraban en la supervivencia. Los grupos eran pequeños y estaban organizados en torno a la cooperación y la interdependencia. Las relaciones estaban marcadas por la necesidad de cazar, recolectar y protegerse mutuamente.

<u>Puntos fuertes:</u> Fomentaban la solidaridad y la cohesión grupal, lo que era vital para la supervivencia.

<u>Puntos negativos:</u> La dinámica social podía ser rígida, con poco espacio para la individualidad.

## 2. Las Civilizaciones Antiguas

Con la aparición de civilizaciones más complejas, las relaciones sociales se diversificaron. Las ciudades-estado y los imperios introdujeron nuevas formas de interacción, con jerarquías sociales y lazos comerciales.

<u>Puntos fuertes:</u> La expansión del comercio facilitó el intercambio cultural y el desarrollo de redes más amplias.

<u>Puntos negativos:</u> Surgieron desigualdades sociales, y las relaciones podían ser más transaccionales que emocionales.

## 3. La Edad Media

Durante la Edad Media, las relaciones sociales estaban profundamente influenciadas por la religión y las estructuras feudalistas. La lealtad a la familia y al señor feudal era fundamental, y las comunidades estaban a menudo aisladas.

<u>Puntos fuertes:</u> La comunidad local proporcionaba un fuerte sentido de pertenencia y apoyo mutuo.

<u>Puntos negativos:</u> Las relaciones estaban limitadas por el estatus social y las normas rígidas, lo que podía restringir la movilidad social y las oportunidades.

## 4. El Renacimiento y la Ilustración

El Renacimiento trajo consigo un enfoque renovado en el individuo y su capacidad para razonar. Las relaciones sociales comenzaron a basarse más en la razón y la lógica que en la tradición y la autoridad.

<u>Puntos fuertes</u>: La promoción del pensamiento crítico y la libertad individual fomentó relaciones más igualitarias y diversas.

<u>Puntos negativos</u>: El énfasis en el individualismo a veces llevó a la alienación y al desapego de la comunidad.

## 5. La Revolución Industrial

La Revolución Industrial cambió drásticamente la estructura de las relaciones sociales. La migración masiva a las ciudades y la creación de fábricas llevaron a nuevas dinámicas sociales.

<u>Puntos fuertes</u>: La urbanización facilitó el encuentro de personas de diferentes orígenes, promoviendo la diversidad cultural.

<u>Puntos negativos</u>: La vida urbana a menudo resultó en el aislamiento social, y las relaciones personales se volvieron más superficiales.

## 6. La Era de la Comunicación

A finales del siglo XX, con la llegada de los teléfonos y la televisión, las relaciones sociales comenzaron a cambiar una vez más. La comunicación se hizo más rápida y accesible, lo que permitió a las personas mantenerse en contacto de manera más efectiva.

Puntos fuertes: La comunicación instantánea facilitó la creación de redes sociales más amplias y la conectividad global.

Puntos negativos: A pesar de estar más conectados, muchas personas comenzaron a experimentar un sentido de soledad y desconexión emocional.

## 7. La Era del Internet y las Redes Sociales

La llegada de Internet y las redes sociales ha transformado radicalmente la forma en que nos relacionamos. Hoy en día, podemos conectarnos con personas de todo el mundo a través de plataformas como Facebook, Twitter e Instagram.

Puntos fuertes: Permiten la conexión con amigos y familiares sin importar la distancia geográfica. Facilitan la interacción con personas de diferentes culturas, promoviendo la comprensión y la empatía. Proporcionan una plataforma para que las personas expresen sus pensamientos, opiniones y creatividad.

Puntos negativos: Las interacciones en línea a menudo carecen de la profundidad y la conexión emocional que se experimentan en las relaciones cara a cara. Las redes sociales pueden ser un caldo de cultivo para el acoso y el comportamiento negativo, lo que puede tener un impacto perjudicial en la salud mental de los usuarios. La comparación constante con las vidas aparentemente perfectas de otros puede llevar a sentimientos de insuficiencia y ansiedad.

La evolución de las relaciones sociales nos ha enseñado que, independientemente de la época o el medio a través del cual nos conectemos, la calidad de nuestras interacciones es fundamental para nuestro bienestar emocional y social. Fomentar relaciones auténticas, empáticas y solidarias es crucial en un mundo cada vez más interconectado y complejo. Al hacerlo, podemos enfrentar los desafíos de la era digital mientras disfrutamos de los beneficios que estas nuevas formas de conexión nos ofrecen.

## El Lado Oscuro de las Redes Sociales

Como hemos visto, en la última década, las redes sociales han revolucionado la forma en que nos comunicamos, interactuamos y nos relacionamos con el mundo que nos rodea. Estas herramientas digitales han transformado la comunicación y han dado voz a millones de personas. Sin embargo, tras esta fachada brillante y conectada, se ocultan aspectos oscuros que impactan tanto al individuo como a la sociedad en su conjunto.

El presente libro se adentra en este complejo paisaje, explorando no solo las promesas y beneficios que ofrecen estas plataformas, sino también las sombras que a menudo quedan eclipsadas por su brillantez. A medida que nos sumergimos en este análisis, examinaremos los efectos positivos de las redes sociales, como la capacidad de conectar a personas de diferentes culturas, la democratización de la información y el empoderamiento de voces antes silenciadas. Sin embargo, no podemos ignorar los riesgos y peligros que emergen en este nuevo entorno digital.

Ponderamos que las redes sociales permitan a las personas conectarse más allá de las barreras geográficas. Gracias a ellas, amigos y familiares pueden mantener el contacto en cualquier parte del mundo, facilitando relaciones interpersonales que antes eran complicadas. Además, proporcionan un espacio para la autoexpresión y el activismo, permitiendo que causas importantes cobren vida y que individuos se unan para luchar por sus derechos.

En este contexto, se ha observado un cambio significativo en la forma en que la información se difunde. Las plataformas sociales han democratizado la producción y distribución de contenido, permitiendo que cualquier persona pueda convertirse en creador y compartir su perspectiva única. Este acceso a la información ha empoderado a muchos, dando voz a aquellos que históricamente han sido marginados.

Sin embargo, el lado oscuro de las redes sociales es innegable. La misma tecnología que une a las personas también puede llevar a la alienación y la desconexión emocional. En un mundo donde las interacciones cara a cara se vuelven cada vez más raras, las relaciones pueden volverse superficiales y transaccionales. La necesidad constante de validación a través de "likes" y comentarios puede afectar la autoestima y la salud mental de los usuarios, alimentando problemas como la ansiedad y la depresión.

Además, la proliferación de noticias falsas y desinformación ha creado un entorno donde la verdad se ha vuelto subjetiva. Los algoritmos que rigen el contenido que consumimos a menudo priorizan la controversia y el sensacionalismo sobre la veracidad, lo que lleva a la polarización y fragmentación de la sociedad. En este sentido, las redes sociales no solo han transformado la comunicación, sino que también han alterado la forma en que percibimos y entendemos el mundo.

"Conectados pero Vulnerables" no solo ofrece un análisis profundo de estos problemas, sino que también invita a la reflexión sobre cómo podemos navegar por este paisaje digital de manera más consciente. A través de una serie de capítulos que exploran temas como la privacidad, la economía de la atención y el impacto psicológico de la conexión digital, este libro proporciona herramientas y perspectivas para comprender mejor el impacto de las redes sociales en nuestras vidas.

La esperanza es que, al reconocer tanto los aspectos positivos como negativos de estas plataformas, podamos encontrar un equilibrio que nos permita disfrutar de sus beneficios mientras mitigamos sus riesgos. La era digital es un fenómeno que llegó para quedarse, y es nuestra responsabilidad como individuos y sociedad aprender a convivir con ella de una manera que fomente el bienestar y la salud mental.

En resumen, "Conectados pero Vulnerables" se erige como una guía esencial para navegar en un mundo cada vez más complejo, donde la conexión y la desconexión coexisten en una danza frágil. A medida que avanzamos en este viaje, se nos recuerda que, si bien las redes sociales pueden ser herramientas poderosas, es crucial utilizarlas con conciencia y responsabilidad.

# Capítulo 1
# Entendiendo a las Redes Sociales

Las redes sociales son plataformas en línea que facilitan la creación y el intercambio de contenido generado por los usuarios, lo que permite a las personas conectarse, comunicarse y compartir información con otros. Estas redes han transformado fundamentalmente la forma en que los humanos interactúan, afectando tanto las relaciones personales como la dinámica profesional en todo el mundo. Algunos ejemplos notables son Facebook, Twitter (ahora X), LinkedIn, VK, Telegram e Instagram, cada una de las cuales cumple propósitos distintos que van desde la socialización informal hasta la creación de redes profesionales y el intercambio de contenido multimedia.

El auge de las redes sociales se ha caracterizado por su profundo impacto social, ya que han fomentado la conectividad global y la creación de comunidades, pero también han planteado desafíos importantes. Han redefinido los paradigmas de la comunicación, permitiendo la interacción en tiempo real y el intercambio de contenidos diversos, mejorando así la participación de los usuarios y la participación en la comunidad.

Sin embargo, esta transformación no ha estado exenta de controversias, ya que cuestiones como las preocupaciones por la privacidad, la desinformación, las implicaciones para la salud mental y el acoso cibernético han surgido como desafíos críticos que los usuarios y los proveedores de plataformas deben abordar.

A medida que las redes sociales siguen evolucionando, su influencia se expande a diversos aspectos de la vida cotidiana, incluidas las estrategias de marketing empresarial y el discurso político. Son herramientas poderosas para la participación y la promoción, pero también plantean preguntas sobre la seguridad de los datos y su uso ético.

El diálogo actual en torno a estos temas resalta la necesidad de regulaciones efectivas y el empoderamiento de los usuarios para fomentar entornos en línea más seguros y responsables.

En general, las redes sociales representan una compleja interacción de ventajas y desafíos que reflejan el cambiante panorama de la comunicación humana en la era digital. Su desarrollo y regulación son cruciales para comprender tanto su potencial como sus inconvenientes en la sociedad contemporánea.

**Tipos de redes sociales**

Las redes sociales se pueden clasificar en varias categorías en función de su funcionalidad, público objetivo y el tipo de interacciones que facilitan. La clasificación ayuda a los usuarios a identificar la plataforma adecuada para sus necesidades específicas, ya sea para uso personal, redes profesionales o intercambio de información.

- **Redes sociales de nicho**

Más allá de estas categorías más amplias, las redes sociales de nicho atienden intereses o grupos demográficos específicos. Estas plataformas permiten a las personas conectarse a través de pasatiempos, profesiones o estilos de vida compartidos, lo que fomenta un sentido de comunidad entre usuarios con ideas afines. Algunos ejemplos incluyen plataformas para artistas, jugadores o campos profesionales específicos, que mejoran la creación de comunidades y las interacciones dirigidas.

- **Redes de intercambio de medios**

Las redes de intercambio de contenido multimedia permiten a los usuarios cargar, compartir y descubrir contenido multimedia, incluidas fotos y vídeos. Algunos ejemplos destacados son Instagram, YouTube y Flickr. Estas plataformas son especialmente eficaces para personas y marcas que buscan atraer a su público a través de la narración visual y el intercambio de contenido creativo.

- **Redes sociales tradicionales**

Las redes sociales tradicionales son plataformas diseñadas principalmente para conexiones personales e interacciones sociales. Algunos ejemplos son Facebook, LinkedIn y Twitter (ahora X), donde los usuarios pueden compartir actualizaciones, fotos y mensajes con amigos y seguidores.

Estas redes permiten a los usuarios crear perfiles, conectarse con otros y participar en una variedad de actividades comunitarias.

- **Sitios de redes profesionales**

Los sitios de redes profesionales, como LinkedIn y Microsoft Yammer, se centran en el desarrollo profesional y las conexiones industriales. Estas plataformas permiten a los profesionales mostrar su experiencia, conectarse con colegas, explorar oportunidades laborales y participar en debates sobre la industria. Facilitan la creación de identidades profesionales y amplían las oportunidades de establecer redes, lo que las convierte en herramientas esenciales para el avance profesional.

- **Redes de discusión**

Las redes de discusión, como Reddit y Stack Overflow, están diseñadas para que los usuarios participen en conversaciones sobre temas específicos. Estas plataformas suelen incluir foros en los que los miembros pueden hacer preguntas, compartir información y participar en debates, creando comunidades centradas en intereses y conocimientos compartidos.

- **Redes de revisión**

Las redes de reseñas, como Yelp y TripAdvisor, se centran en el contenido generado por los usuarios relacionado con productos, servicios y experiencias. Ofrecen una plataforma para que los usuarios compartan sus opiniones, califiquen empresas y lean reseñas de otros. La gestión eficaz de estas redes es fundamental para las empresas que buscan mantener una reputación online positiva y responder a los comentarios de los clientes.

- **Redes de comunicación**

Las redes de comunicación priorizan las interacciones directas entre usuarios, facilitando los chats individuales o grupales en lugar de publicaciones y actualizaciones. Algunos ejemplos son WhatsApp, WeChat y Snapchat. Estas plataformas son similares a las aplicaciones de mensajería instantánea y se centran en la comunicación y la conexión en tiempo real entre los usuarios.

## Características de las redes sociales

Las redes sociales poseen varias características distintivas que facilitan la conectividad y la interacción entre los usuarios. Estas características contribuyen a la popularidad y funcionalidad de las plataformas, y configuran la forma en que las personas y las organizaciones interactúan en línea.

- **Intercambio de contenido**

El intercambio de contenidos es un sello distintivo de las redes sociales, que permite a los usuarios cargar y difundir diversas formas de medios, incluidos texto, imágenes, audio y vídeo.

Esta función permite una amplia gama de interacciones, desde compartir hitos personales hasta transmitir noticias y entretenimiento. El contenido suele publicarse en tiempo real y estar organizado cronológicamente, lo que mejora la participación y facilita las conversaciones entre los usuarios.

- **Comunicación en tiempo real**

Una de las principales funciones de las redes sociales es la capacidad de comunicarse en tiempo real. Los usuarios pueden enviar mensajes, compartir actualizaciones y participar en debates de forma instantánea, lo que permite interacciones dinámicas que trascienden las barreras geográficas.

Esta inmediatez mejora la experiencia del usuario y fomenta un sentido de comunidad entre los miembros.

- **Creación de perfil**

La mayoría de las redes sociales requieren que los usuarios creen perfiles personales, que sirven como identidad en línea. Estos perfiles suelen incluir información personal, fotos e intereses, lo que permite a los usuarios elegir cómo se presentan ante los demás.

Si bien los perfiles pueden reflejar la verdadera identidad de las personas, también pueden proyectar versiones idealizadas, lo que genera posibles desafíos emocionales cuando no se cumplen las expectativas.

- **Construcción de comunidad**

Las redes sociales permiten a los usuarios establecer conexiones basadas en intereses, aficiones o metas profesionales compartidas. Los usuarios pueden convertirse en "amigos" o "seguidores", creando así redes que facilitan el intercambio de conocimientos y la interacción social.

Estas plataformas a menudo actúan como comunidades virtuales donde personas de diversos orígenes pueden reunirse, fomentando la inclusión y la colaboración. Antes de la era digital, a la "comunidad" actual se la llamaba "tribu".

* **Métricas de participación**

Las métricas de participación, como las visitas al perfil, las publicaciones compartidas y los comentarios, desempeñan un papel importante en la evaluación de la interacción del usuario en las redes sociales.

Estas métricas ayudan a las personas y organizaciones a comprender su alcance e influencia, y brindan información sobre el comportamiento y las preferencias de los usuarios. Al analizar estas métricas, los usuarios pueden refinar su contenido y sus estrategias para mejorar su presencia en las redes sociales.

## Características estructurales

Las redes sociales a menudo presentan características estructurales distintivas, como grupos densos de conexiones y agujeros estructurales, que pueden facilitar el flujo de información y oportunidades entre los usuarios.

Una estructura de red ideal promueve el acceso a diversos clústeres, mejorando el valor general de las conexiones dentro de la red.

## Preocupaciones sobre privacidad y seguridad

### • Conductas adictivas

El diseño de las plataformas de redes sociales suele fomentar el uso compulsivo, lo que da lugar a conductas similares a las de la adicción. Los usuarios pueden encontrarse constantemente revisando actualizaciones, lo que puede alterar los patrones de sueño, reducir la actividad física y restar valor a las interacciones cara a cara. Esta dependencia excesiva de la comunicación digital puede obstaculizar el desarrollo de habilidades sociales esenciales y afectar negativamente a la salud mental en general.

### • Desinformación y normas sociales

La rápida difusión de información a través de las redes sociales también plantea inquietudes en relación con la desinformación y sus efectos sobre las normas sociales. La influencia de los medios de comunicación puede moldear creencias, actitudes y comportamientos de maneras profundas, lo que a menudo conduce a consecuencias no deseadas en contextos sociales y políticos.

Se están realizando esfuerzos para combatir la desinformación, como los informes de los usuarios y las iniciativas de transparencia, pero aún quedan desafíos para abordar esta cuestión de manera efectiva.

## Desafíos y problemas

Los usuarios suelen manifestar inquietudes sobre cómo se recopilan, utilizan y comparten sus datos personales.

Si bien las redes sociales brindan numerosos beneficios, también plantean inquietudes en materia de privacidad y seguridad. Los usuarios deben sortear las complejidades de compartir información personal en un espacio público o semipúblico, y equilibrar la conectividad con los posibles riesgos. Esta concienciación es crucial para mantener un entorno en línea seguro.

Los problemas relacionados con la configuración de privacidad pueden provocar divulgaciones accidentales de información confidencial, lo que deja a las personas vulnerables a violaciones de datos y usos no autorizados de datos.

Además, factores externos como las normas de la industria, los contextos culturales y los entornos regulatorios influyen significativamente en las percepciones de la privacidad de los usuarios, lo que resulta en actitudes variables hacia las prácticas de manejo de datos en diferentes grupos demográficos.

## Realidad aumentada y virtual

Se prevé que la integración de tecnologías de realidad aumentada (RA) y realidad virtual (RV) se vuelva cada vez más frecuente en las plataformas de redes sociales. Estas tecnologías están facilitando experiencias inmersivas, permitiendo a los usuarios interactuar con las marcas de formas innovadoras a través de filtros de RA, efectos y funciones de prueba virtual.

Se espera que estos avances difuminen la línea entre las interacciones físicas y digitales, mejorando la participación del usuario y brindando oportunidades únicas para exhibiciones de marcas.

## El auge de los microinfluencers

La tendencia hacia los microinfluencers sigue ganando impulso, ya que las marcas reconocen el valor de las conexiones auténticas con audiencias de nicho. Estos influencers suelen tener tasas de interacción más altas en comparación con los influencers más grandes, lo que los convierte en activos valiosos para las marcas que buscan crear relaciones genuinas con los consumidores.

## Uso mejorado de la IA

La inteligencia artificial (IA) desempeñará un papel aún más importante en las redes sociales: más del 80 % de los profesionales del marketing ya son testigos de su impacto positivo en su trabajo.

Las tecnologías de IA mejorarán la personalización en las experiencias de los usuarios, impulsarán la publicidad dirigida y mejorarán el servicio al cliente a través de chatbots más receptivos.

Además, se prevé que aumenten las conversaciones en torno a la ética de la IA, lo que impulsará debates sobre el uso responsable de la IA en las prácticas de marketing.

## Transparencia en las cadenas de suministro

A medida que los consumidores exigen cada vez más transparencia en relación con los productos y servicios que compran, las redes sociales servirán como una plataforma fundamental para que las marcas muestren su compromiso con la sostenibilidad y las prácticas éticas. Se espera que esta tendencia fomente una comunicación más abierta entre las marcas y los consumidores, en consonancia con los valores sociales más amplios.

## Surgimiento de plataformas de nicho

Es probable que el futuro de las redes sociales sea testigo del crecimiento de plataformas de nicho adaptadas a intereses y comunidades específicas. A medida que los usuarios buscan experiencias más personalizadas, las marcas deberán adaptar sus estrategias para interactuar con las audiencias en estas plataformas especializadas de manera eficaz.

## Evolución de los formatos de contenido

La creación de contenido también está evolucionando, y los formatos de video, especialmente los de formato corto y los de transmisión en vivo, se están volviendo cada vez más dominantes.

Junto con estos formatos, el contenido efímero está ganando terreno, lo que permite a las marcas crear interacciones atractivas y sensibles al tiempo con sus audiencias.

Además, la importancia del SEO se está expandiendo más allá de los sitios web tradicionales para abarcar los canales de redes sociales, lo que impulsa a las marcas a optimizar su contenido para lograr una mayor visibilidad.

# Capítulo 2
# De la Promesa a la Obsesión: Evolución de las Redes Sociales

Cuando las redes sociales irrumpieron en la escena global a comienzos del siglo XXI, lo hicieron con una promesa clara: conectar al mundo. La visión inicial detrás de plataformas como Facebook, MySpace y Twitter era revolucionaria. Las personas, independientemente de su ubicación geográfica, podrían interactuar fácilmente, intercambiar ideas, establecer redes de apoyo, y compartir momentos importantes de sus vidas. Esta capacidad para conectar de manera instantánea y global parecía una utopía digital; un sueño que prometía unir a la humanidad en un espacio común donde el conocimiento, las experiencias y las oportunidades estarían al alcance de un clic.

**Los Primeros Años: Optimismo y Nuevas Posibilidades**

En sus inicios, las redes sociales fueron celebradas como un avance democratizador. La posibilidad de tener un perfil digital permitió a las personas construir identidades públicas accesibles desde cualquier rincón del planeta. En lugar de depender de medios tradicionales para compartir sus opiniones, los usuarios ahora tenían una voz propia. Las plataformas daban lugar a nuevas formas de expresión, conectaban a antiguos amigos, y creaban comunidades alrededor de intereses comunes. Las marcas también encontraron un terreno fértil para acercarse a los consumidores de una manera más personalizada, directa y cercana.

Este período inicial estuvo marcado por el optimismo. La idea de que las redes sociales facilitarían la democratización del conocimiento y fortalecerían la cohesión social predominaba. Además, su crecimiento exponencial parecía mostrar que no solo estaban aquí para quedarse, sino para transformar radicalmente la forma en que nos comunicamos y socializamos.

## El Cambio de Paradigma: De la Conexión a la Comercialización

Sin embargo, a medida que estas plataformas crecían y ganaban popularidad, comenzaron a experimentar una transformación fundamental: de simples medios de conexión personal, se convirtieron en colosos de la comercialización y el entretenimiento. Los datos generados por los usuarios se convirtieron en la principal fuente de riqueza, permitiendo a las empresas rastrear hábitos, preferencias y comportamientos con una precisión asombrosa. El modelo de negocio de la mayoría de las redes sociales cambió drásticamente: ya no se trataba solo de conectar personas, sino de captar su atención el mayor tiempo posible para vender anuncios personalizados.

Este modelo de "economía de la atención" transformó las redes en lugares diseñados para atrapar a los usuarios. Los algoritmos, que inicialmente servían para organizar el contenido de forma eficiente, se convirtieron en herramientas para maximizar el tiempo que los usuarios pasaban en las plataformas. Las notificaciones constantes, los sistemas de recompensas (likes, compartidos) y las publicaciones estratégicamente distribuidas se transformaron en mecanismos que alimentaban la compulsión. El acceso constante a nuevas actualizaciones generaba una sensación de urgencia, donde los usuarios temían perderse algo si no permanecían conectados.

## La Obsesión: La Adicción al Likc y la Comparación Constante

A medida que las redes sociales evolucionaban, el comportamiento de los usuarios también cambió. Lo que empezó como una forma de compartir momentos especiales y conectarse con amigos, gradualmente se convirtió en una búsqueda constante de validación externa. El "like", el retweet y el comentario positivo se volvieron monedas emocionales. La dopamina que producían estas interacciones fue comparada con la liberada en adicciones más clásicas, como el juego. La psicología detrás de los "me gusta" comenzó a moldear cómo las personas presentaban su vida en línea: no como una representación honesta, sino como una versión idealizada que buscaba reconocimiento y aprobación.

Las redes sociales se convirtieron en espejos distorsionados, donde los usuarios no solo compartían lo mejor de sí mismos, sino que también se comparaban constantemente con los demás. La vida de otros, vista a través del filtro cuidadosamente editado de las publicaciones, se percibía como más emocionante, más exitosa y más feliz, lo que intensificaba sentimientos de frustración y envidia. Las redes sociales, que habían prometido acercar a las personas, comenzaron a distanciarlas emocionalmente, generando ansiedades relacionadas con la percepción social, el miedo a la exclusión y la necesidad constante de aprobación.

## La Erosión de las Fronteras: Vida Privada y Pública

Otro efecto de la evolución de las redes sociales ha sido la erosión de las fronteras entre la vida privada y pública. En un principio, las personas controlaban qué aspectos de su vida querían compartir, pero con el paso del tiempo, las redes sociales fomentaron la exposición continua de detalles íntimos. Compartir momentos privados se convirtió en una norma social aceptada, y las líneas entre lo público y lo privado comenzaron a desdibujarse.

Este fenómeno ha tenido profundas implicaciones tanto a nivel personal como social. Las redes sociales han incentivado la creación de una identidad pública constante, una versión editada y cuidadosamente diseñada de quienes somos. Pero esto ha venido con un precio: las personas, al verse obligadas a "performar" en línea, han sentido una presión creciente para mantener una imagen particular, independientemente de cómo se sientan realmente. El resultado ha sido una desconexión emocional y una fatiga mental por la necesidad de mantenerse "relevante" en el ojo público.

El viaje de las redes sociales desde sus orígenes hasta su estado actual ha sido uno de transformación profunda. Lo que comenzó como una promesa de conexión global y democratización de las relaciones humanas, ha dado lugar a una compleja dinámica de comercialización de datos, adicción al reconocimiento social y distorsión de la realidad personal. En lugar de simplemente facilitarnos la comunicación, las redes sociales han creado nuevos retos para el bienestar emocional, la percepción de uno mismo y la interacción con los demás.

## La Búsqueda Incesante del Éxito en Línea

Uno de los cambios más drásticos que surgió con la evolución de las redes sociales es el concepto de éxito digital. Ya no solo las celebridades o figuras públicas tenían visibilidad; cualquier persona con acceso a Internet podía, en teoría, volverse "famosa". A través de plataformas como Instagram, YouTube o TikTok, se ha forjado una cultura del "influencer" que mide el éxito no en términos de logros profesionales o personales, sino en función de seguidores, likes y comentarios.

Esta nueva métrica de éxito ha tenido efectos profundos en la psicología de los usuarios. Para muchos, las redes sociales se convirtieron en un terreno competitivo, donde la popularidad se mide a través de cifras visibles para todos. El número de seguidores y el alcance de cada publicación se convirtieron en elementos que determinan el valor social de una persona. Aquellos que logran "viralizar" su contenido son vistos como ejemplos de éxito, mientras que los que no logran captar la atención masiva pueden sentirse inadecuados o invisibles.

Este fenómeno ha generado una presión constante para crear contenido que atraiga la mayor cantidad posible de interacciones. Los usuarios, especialmente los más jóvenes, se ven empujados a ajustarse a tendencias que muchas veces no reflejan sus intereses o valores, pero que les garantizan una mayor visibilidad. El resultado ha sido la creación de una "carrera social", donde el éxito en línea se convierte en el objetivo final y la validación externa es prioritaria sobre la satisfacción personal.

## El Mito de la Autenticidad

A medida que las redes sociales se consolidaron como una parte integral de la vida diaria, las plataformas comenzaron a promocionar la idea de la autenticidad. "Sé tú mismo" y "muestra tu verdadera vida" son lemas que muchas veces se utilizan para invitar a los usuarios a compartir su mundo real, sin filtros ni máscaras. Sin embargo, este llamado a la autenticidad choca con la realidad del comportamiento en las mismas redes sociales.

Aunque las plataformas promueven la autenticidad, el diseño mismo de las redes fomenta lo contrario. Los algoritmos recompensan el contenido que genera más interacciones, que a menudo es el más atractivo, el más entretenido o el más controversial. Esto ha creado un entorno donde los usuarios sienten la necesidad de mostrar solo la versión más pulida y atractiva de sí mismos. Aquellos que intentan ser "auténticos" se encuentran atrapados entre mostrar una imagen que es fiel a su vida diaria y la presión de presentar una versión más idealizada para recibir más atención.

Además, el término autenticidad ha sido explotado por las marcas y los influencers. La idea de ser "real" se ha comercializado, y muchos de los contenidos que parecen naturales o espontáneos están cuidadosamente construidos para atraer seguidores. Esto refuerza aún más la desconexión entre lo que los usuarios perciben como auténtico y lo que realmente se está mostrando.

## La Trampa de la Curaduría: Editando la Realidad

Uno de los fenómenos más insidiosos de la evolución de las redes sociales es la capacidad para curar y editar la propia vida de una manera que antes no era posible. Las herramientas para ajustar imágenes, videos y textos han permitido a los usuarios presentar una versión idealizada de su existencia. Este tipo de curaduría de la vida ha generado expectativas irreales sobre la belleza, el éxito y la felicidad.

Las redes sociales han creado un ecosistema donde las comparaciones son inevitables. La vida editada de otros usuarios, que muestra momentos destacados y extraordinarios, es percibida como la norma, lo que provoca una insatisfacción constante con la vida cotidiana propia. Este ciclo de comparación puede conducir a sentimientos de inferioridad, ansiedad y depresión. La naturaleza fragmentada de las publicaciones —donde solo se muestra lo mejor— genera una imagen distorsionada de la realidad, y los usuarios, aunque son conscientes de que las redes sociales no reflejan la vida completa de una persona, se ven atrapados en la creencia de que su propia vida no está a la altura.

## El Costo del Bienestar Mental

El impacto negativo de las redes sociales en la salud mental ha sido objeto de numerosos estudios, y los resultados son preocupantes. Si bien las plataformas han ofrecido formas de conexión sin precedentes, también han provocado un aumento en problemas psicológicos como la ansiedad, la depresión y la adicción. En particular, los jóvenes se han visto especialmente afectados, ya que crecen en un entorno donde su identidad y su valor social están directamente vinculados a su presencia en línea.

El fenómeno de la "adicción a las redes sociales" ha sido ampliamente documentado. Los usuarios pasan horas desplazándose sin rumbo por sus feeds, buscando constantemente la gratificación inmediata que ofrecen los likes y los comentarios. Este comportamiento compulsivo, combinado con la naturaleza fragmentada e intermitente de las notificaciones, mantiene a las personas en un ciclo de recompensas intermitentes que refuerza su dependencia de las plataformas.

Además, la ansiedad social ha aumentado a medida que las interacciones cara a cara son reemplazadas por conexiones digitales. Muchos usuarios, especialmente los más jóvenes, encuentran cada vez más difícil mantener relaciones interpersonales genuinas fuera del ámbito virtual. Las redes sociales, al prometer acercarnos, han contribuido a una creciente sensación de aislamiento y desconexión en la vida real.

## La Obsesión por la Perfección y el Rendimiento Constante

Un efecto significativo de esta evolución es la creciente presión por mantener una imagen de perfección constante. Las redes sociales han hecho que las personas estén expuestas a la evaluación pública las 24 horas del día. Esta visibilidad ha creado una mentalidad donde el rendimiento constante se considera esencial, no solo en términos de éxito profesional, sino también en la apariencia física, las relaciones y el estilo de vida.

Muchos usuarios, especialmente aquellos con una gran cantidad de seguidores, sienten que deben mantener una imagen perfecta para retener su audiencia. Esto puede generar una carga emocional enorme, ya que la vida real, con sus altibajos, raramente puede mantenerse al nivel que exige el mundo digital. Esta necesidad de proyectar una imagen impecable ha fomentado el perfeccionismo y ha contribuido a una mayor insatisfacción personal, ya que la vida real siempre resulta más caótica e impredecible que su versión digital.

## El Futuro de la Conexión Humana en la Era Digital

El viaje de las redes sociales desde sus humildes comienzos como plataformas de conexión interpersonal hasta su estado actual, como gigantes comerciales y culturales, ha dejado profundas marcas en la sociedad. A medida que las plataformas continúan evolucionando, es vital que se reconozcan y comprendan los efectos que están teniendo en nuestra salud mental, en nuestra manera de interactuar y en la forma en que entendemos el éxito y el valor personal.

En este capítulo, hemos visto cómo las redes sociales pasaron de una promesa optimista de conexión a una fuente de adicción, ansiedad y perfeccionismo. Mientras avanzamos hacia el futuro, las preguntas clave serán cómo podemos mitigar estos efectos negativos y recuperar un equilibrio entre la conexión digital y el bienestar personal.

# Capítulo 3
## Conectados, pero Desconectados: El Impacto en las Relaciones Humanas

Las redes sociales han transformado la forma en que interactuamos, ofreciendo la posibilidad de estar en contacto constante con personas en todo el planeta. Lo que antes era impensable, como mantener relaciones cercanas con alguien a miles de kilómetros de distancia, hoy es una realidad cotidiana. Sin embargo, esta capacidad de estar siempre conectados tiene un lado oscuro: aunque las redes nos acercan virtualmente, están erosionando la calidad de nuestras relaciones interpersonales y modificando profundamente la manera en que nos comunicamos, afectando nuestras conexiones sociales desde una perspectiva tanto psicológica como social.

**El Surgimiento de las Relaciones Superficiales**

Desde un punto de vista social, las redes sociales han facilitado la creación de un gran número de contactos, pero no necesariamente de vínculos profundos. Antes de la era digital, las relaciones se construían a lo largo del tiempo y se basaban en la interacción cara a cara, con un fuerte componente emocional y de compromiso. Sin embargo, con la llegada de plataformas como Facebook, Instagram o Twitter, las relaciones se han vuelto más fugaces y, en muchos casos, superficiales. El número de "amigos" o "seguidores" es visto como un indicador de popularidad, pero esto no refleja la calidad de esas relaciones.

La facilidad con la que podemos agregar personas a nuestras redes (y a nuestras vidas) ha diluido el significado de la amistad y la conexión. Ya no es necesario esforzarse en conocer profundamente a alguien; basta con un simple clic para establecer una "amistad". Este tipo de conexiones instantáneas genera un efecto paradójico: tenemos más contactos que nunca, pero menos relaciones significativas. Nos sentimos socialmente activos al interactuar con decenas, o incluso cientos, de personas en línea, pero esta actividad no siempre genera un sentido de conexión real o de pertenencia.

El concepto de amistad ha sido redefinido por las redes sociales. Lo que antes implicaba cercanía y apoyo emocional, ahora puede traducirse en simples interacciones digitales, como "likes" o comentarios en publicaciones. El problema es que estas interacciones no tienen el mismo valor emocional que una conversación profunda o un gesto de apoyo real. Esto crea una ilusión de proximidad, una sensación de estar conectados que en realidad carece de los componentes esenciales de una relación auténtica: la intimidad, la empatía y el apoyo genuino.


## La Deshumanización de las Interacciones

Desde una perspectiva psicológica, las redes sociales han cambiado la manera en que percibimos y tratamos a los demás. La interacción a través de una pantalla tiende a deshumanizar a las personas, reduciéndolas a avatares o perfiles que existen en un entorno digital. Esto puede llevar a una disminución de la empatía y a un aumento en los comportamientos hostiles, como el ciberacoso o las discusiones polarizadas. Al no interactuar cara a cara, se pierde el componente emocional de la comunicación, que es crucial para comprender el impacto de nuestras palabras en los demás.

El fenómeno de la "desinhibición en línea" explica por qué muchas personas se sienten más libres para decir cosas en las redes sociales que no dirían en persona. Este distanciamiento emocional, provocado por la barrera de la pantalla, hace que las interacciones en línea sean más propensas a la confrontación, la agresión y el malentendido. Los comentarios hirientes o las discusiones violentas se ven amplificadas en este espacio digital, donde las repercusiones emocionales inmediatas no son evidentes. Esta dinámica ha llevado a la normalización de comportamientos que, en el mundo real, serían considerados inaceptables.

Además, la comunicación digital elimina el lenguaje no verbal, como las expresiones faciales, el tono de voz o el lenguaje corporal, que son fundamentales para interpretar correctamente el mensaje de los demás. Sin estos indicadores, los malentendidos son mucho más comunes. Las intenciones detrás de un mensaje pueden ser malinterpretadas fácilmente, lo que puede deteriorar las relaciones. A largo plazo, esta falta de señales emocionales y de contexto puede generar una desconexión emocional entre las personas, incluso entre aquellas que interactúan regularmente en línea.

## El Aislamiento en Medio de la Multitud

Una de las paradojas más profundas de la era digital es que, aunque estamos más conectados que nunca, muchas personas se sienten más solas. Varios estudios han demostrado que el uso intensivo de las redes sociales está correlacionado con sentimientos de soledad, depresión y ansiedad. ¿Cómo es posible que, en un mundo donde podemos estar en contacto con tantas personas en todo momento, nos sintamos aislados?

La explicación radica en la naturaleza de las interacciones en línea. A diferencia de las interacciones cara a cara, las conexiones digitales son breves y fragmentadas. Podemos recibir un "Me gusta" o un comentario rápido, pero estas interacciones no proporcionan el mismo nivel de satisfacción emocional que una conversación real o el contacto físico. Esta falta de profundidad genera una sensación de vacío, ya que las interacciones superficiales no satisfacen las necesidades emocionales humanas más profundas, como el apoyo emocional, la cercanía y el sentido de pertenencia.

Además, las redes sociales tienden a fomentar la comparación constante entre usuarios. Ver las vidas idealizadas de otros, a través de fotos cuidadosamente seleccionadas y momentos felices, puede generar un sentimiento de insuficiencia y aislamiento. Muchas personas se sienten desconectadas emocionalmente al comparar su vida cotidiana, con sus desafíos y dificultades, con la versión filtrada y perfeccionada de las vidas de los demás que se presentan en las redes. Este tipo de comparación social es particularmente dañino para la autoestima y puede aumentar los sentimientos de soledad, al hacer que los usuarios sientan que no están "a la altura" de los demás.

## Tipos de usuarios en las Redes Sociales

Loa siguientes términos reflejan la diversidad de comportamientos y personalidades que emergen en las interacciones online:

• **Hater:** Usuario que expresa opiniones negativas, críticas destructivas o insultos hacia otros de manera constante.
• **Troll:** Persona que provoca, insulta o busca generar controversia o confrontaciones en las discusiones online.
• **Lurker:** Usuario que observa las interacciones en redes sociales sin participar activamente (sin comentar o publicar).
• **Influencer:** Persona con una gran cantidad de seguidores que tiene la capacidad de influir en la opinión o comportamiento de los demás a través de sus publicaciones.
• **Fanboy/Fangirl:** Usuario extremadamente leal a una marca, celebridad, juego o franquicia, a menudo defendiendo sus preferencias con pasión.
• **Stalker:** Persona que sigue o monitorea obsesivamente las actividades de otro usuario en redes sociales, a menudo sin interactuar directamente.
• **Shill:** Usuario que promueve productos o servicios, a veces de manera encubierta o sin revelar sus vínculos con la empresa o marca.
• **Spammer:** Persona que publica contenido repetitivo o irrelevante, a menudo anuncios no

solicitados o mensajes comerciales en grandes cantidades.

• **White Knight:** Usuario que defiende a otro, generalmente en discusiones, a menudo sin razón aparente o sin conocer el contexto completo.

• **Catfish:** Persona que usa una identidad falsa para engañar a otros, normalmente en citas online o interacciones personales.

• **Bot:** Cuenta automatizada que publica o interactúa de forma programada, a menudo utilizada para promocionar productos, generar tráfico o difundir propaganda.

• **Memelord:** Usuario que comparte o crea memes de manera regular y tiene gran habilidad para hacerlo de forma entretenida o viral.

• **Clout Chaser:** Persona que busca obtener reconocimiento o fama online a través de publicaciones provocativas, colaboraciones o asociándose a temas populares.

• **Keyboard Warrior:** Usuario que participa en debates o discusiones en línea de manera agresiva o beligerante, pero que probablemente no actuaría de la misma forma en la vida real.

• **Stan:** Un fan extremadamente devoto y obsesionado con una celebridad o figura pública, inspirado por la canción "Stan" de Eminem.

• **Cancelador:** Persona que promueve la cultura de la "cancelación", participando activamente en campañas para desprestigiar o boicotear a alguien.

• **SJW** (Social Justice Warrior): Usuario que defiende con intensidad causas sociales o políticas, a veces criticado por ser demasiado extremo o moralista.

• **Reply Guy:** Usuario que responde a publicaciones, especialmente de mujeres, con comentarios no solicitados o condescendientes.

- **E-girl/E-boy:** Usuarios que crean una imagen específica en redes, usualmente estética, asociada a la subcultura de la moda online y con tendencias de estilo alternativas.
- **Finsta:** Término para una cuenta de Instagram falsa o secundaria que algunos usuarios crean para compartir contenido más personal o privado con un círculo reducido.

## Las Redes Sociales y el Desgaste de las Relaciones Cercanas

No solo las nuevas conexiones se ven afectadas por las redes sociales, sino también las relaciones que ya existen, como las de pareja o familiares. Desde una perspectiva social, las redes han introducido una nueva dinámica en las relaciones cercanas, que a menudo resulta en tensiones y malentendidos. La atención constante hacia el teléfono o las redes sociales puede llevar a que los momentos compartidos con seres queridos pierdan calidad.

El fenómeno del "phubbing" (ignorar a alguien presente físicamente al prestar atención al teléfono) se ha vuelto cada vez más común. Muchas parejas informan que el uso excesivo de redes sociales por parte de uno o ambos miembros ha debilitado la comunicación y la intimidad en la relación. Al estar constantemente distraídos por notificaciones y actualizaciones, las personas dedican menos tiempo a interactuar de manera significativa con sus seres queridos. Esto puede generar resentimiento y una sensación de desatención, lo que a su vez afecta la calidad de la relación.

Las redes sociales también han fomentado la cultura de la vigilancia en las relaciones de pareja. Al tener acceso constante a la vida digital de la otra persona, muchos sienten la necesidad de monitorear las interacciones de su pareja en las redes, lo que puede llevar a celos y desconfianza. Este comportamiento, impulsado por la transparencia radical que permiten las plataformas, puede generar conflictos en la relación y deteriorar la confianza mutua.

## El Costo de la Intimidad en la Era Digital

La intimidad, una de las piedras angulares de las relaciones humanas, ha sido profundamente afectada por el uso de redes sociales. La necesidad de proyectar una imagen perfecta en línea ha hecho que muchas personas se sientan menos cómodas compartiendo sus vulnerabilidades o aspectos negativos de su vida. En lugar de buscar consuelo en sus amigos o parejas, muchos prefieren mantener una fachada positiva, lo que genera una desconexión emocional en las relaciones. Así mismo, ocurre que hay personas que intentan resolver sus problemas personales llevándolos a la exposición pública; sin medir, que aquellos que toman contacto de ello, amparados en el anonimato, se burlan o arrojan consejos muy alejados de una respuesta positiva.

Este comportamiento ha afectado tanto las relaciones románticas como las amistades. Al priorizar la apariencia pública, se sacrifica la autenticidad y la profundidad de las interacciones. Las personas que antes compartían momentos íntimos y vulnerables ahora se encuentran luchando por mantener una imagen cuidadosamente curada, lo que a largo plazo puede generar una distancia emocional significativa.

## La Conexión Virtual No Sustituye el Contacto Humano

A pesar de todas las promesas de las redes sociales, el contacto humano real sigue siendo insustituible. Aunque las plataformas permiten una comunicación rápida y fácil, no pueden replicar el tipo de conexiones profundas y significativas que se crean a través de interacciones cara a cara. Desde un punto de vista social y psicológico, las redes sociales nos han ofrecido un sentido de conexión superficial, mientras erosionan simultáneamente las bases de nuestras relaciones más importantes.

El desafío de la era digital es encontrar un equilibrio entre el uso de la tecnología y la necesidad humana fundamental de conexión auténtica. Para evitar que nuestras relaciones se vuelvan cada vez más superficiales y desconectadas, es crucial reconocer los límites de la comunicación digital y priorizar el contacto personal, la conversación profunda y la empatía genuina. Solo así podremos mantener relaciones humanas saludables y satisfactorias en un mundo cada vez más virtual.

# Capítulo 4
## El Efecto Espejo:
## Redes Sociales y Autoimagen

Las redes sociales han transformado la manera en que las personas se perciben a sí mismas y a los demás, creando una cultura donde la imagen y la apariencia juegan un papel central. A través de las plataformas digitales, los usuarios están constantemente expuestos a imágenes idealizadas de la vida, el éxito y la belleza, lo que genera un "efecto espejo" en el que las personas utilizan las redes para compararse y medir su valor personal. Aunque en algunos casos estas plataformas pueden ser una fuente de inspiración o motivación, el impacto negativo en la autoimagen es profundo y extendido, afectando tanto la autoestima como la salud mental.

**La Comparación Constante: Una Fuente de Insatisfacción**

Uno de los aspectos más dañinos de las redes sociales es el fenómeno de la comparación constante. Las plataformas como Instagram, Facebook o TikTok permiten a los usuarios ver, casi en tiempo real, cómo viven otras personas. Esta exposición continua a las vidas aparentemente perfectas de los demás puede llevar a una profunda insatisfacción con la propia vida. Desde cuerpos esculpidos hasta estilos de vida lujosos, las redes sociales presentan una versión cuidadosamente editada de la realidad que, en la mayoría de los casos, no es representativa de la vida cotidiana.

Pero, no solamente se ve afectado quién observa esas imágenes y las compara con su vida; sino que el propio creador de contenido, amante de los filtros de su teléfono móvil, crea y envía imágenes "embellecidas" pero falsas de sí mismo, con las que termina enamorándose y creyendo que esas lo representan, y no así, el reflejo que le devuelve el espejo.

La comparación social no es un fenómeno nuevo, pero las redes sociales han amplificado su impacto. Antes de la era digital, las comparaciones se limitaban a nuestro entorno cercano: amigos, colegas, vecinos. Ahora, tenemos acceso a la vida de miles de personas, incluidas celebridades, influencers y completos desconocidos, lo que crea un estándar de vida prácticamente inalcanzable para la mayoría. Este bombardeo de imágenes idealizadas genera una distorsión en la percepción de la realidad, haciendo que las personas se sientan inadecuadas o insatisfechas con su apariencia, sus logros y su vida en general.

Desde una perspectiva psicológica, esta comparación constante puede ser devastadora para la autoestima. Numerosos estudios han demostrado que el uso intensivo de redes sociales está vinculado a una menor satisfacción con el propio cuerpo y una mayor tendencia a la depresión, especialmente entre adolescentes y jóvenes adultos. La perfección inalcanzable que se presenta en las redes crea una brecha entre la realidad y las expectativas, lo que lleva a la frustración y al deterioro de la autoimagen.

## El Cuerpo Idealizado: La Cultura de la Belleza en Línea

Uno de los aspectos más evidentes del "efecto espejo" en las redes sociales es la obsesión con la apariencia física. Instagram, por ejemplo, es una plataforma visual centrada en la estética, donde la belleza y el atractivo son recompensados con "likes" y seguidores. Esto ha llevado a la creación de un estándar de belleza casi inalcanzable, que muchas veces está determinado por cuerpos esculpidos, rostros sin imperfecciones y estilos de vida lujosos. Las imágenes compartidas a menudo pasan por filtros y ediciones que crean una versión idealizada de la realidad, haciendo que los usuarios se comparen con una imagen distorsionada que no refleja la vida real.

Las aplicaciones de retoque digital, como Facetune o las herramientas de edición nativas de las plataformas, permiten que cualquier persona modifique su apariencia con unos pocos toques, eliminando imperfecciones y alterando proporciones corporales. Esta capacidad de "perfeccionar" la imagen ha dado lugar a una presión cada vez mayor para ajustarse a estándares de belleza irreales. El problema es que, aunque las personas saben que las fotos están retocadas, la comparación subconsciente sigue ocurriendo, lo que lleva a una insatisfacción profunda con el propio cuerpo.

Desde una perspectiva psicológica, esta exposición continua a imágenes idealizadas tiene efectos nocivos en la percepción del cuerpo y la autoestima. Los estudios muestran que el uso prolongado de redes sociales puede estar relacionado con el trastorno dismórfico corporal, una condición en la que las personas se obsesionan con defectos menores o imaginarios en su apariencia física. Además, el consumo constante de este tipo de contenido puede fomentar trastornos alimentarios, como la anorexia o la bulimia, ya que muchos usuarios se sienten presionados a ajustarse a un estándar de belleza extremo e insostenible.

## La Validación Externa: Likes, Comentarios y la Autoestima Dependiente

Otro efecto negativo significativo del uso de redes sociales en la autoimagen es la dependencia de la validación externa. Las plataformas están diseñadas para fomentar la retroalimentación constante a través de "likes", comentarios y seguidores, lo que convierte a las interacciones en línea en una fuente de validación social. El problema surge cuando la autoestima de los usuarios comienza a depender de la cantidad de aprobación que reciben en las redes.

Este fenómeno es particularmente dañino entre adolescentes y jóvenes, que están en una etapa de desarrollo donde la autoimagen y la identidad aún se están formando. Al publicar fotos o momentos de su vida en las redes, los usuarios buscan reconocimiento y aprobación, y cuando esta aprobación no llega en la medida esperada, puede generar sentimientos de rechazo, ansiedad y baja autoestima. La retroalimentación negativa, o la falta de retroalimentación, puede ser percibida como una señal de que no son "lo suficientemente buenos" o "lo suficientemente atractivos", lo que impacta profundamente en la forma en que se ven a sí mismos.

Las redes sociales también han generado una cultura de la comparación cuantitativa, donde los "likes" y los seguidores se convierten en métricas de valor personal. Aquellos que no alcanzan ciertos números pueden sentir que no están a la altura, lo que refuerza la inseguridad. Esta búsqueda constante de validación externa puede convertirse en un ciclo tóxico en el que las personas modifican su comportamiento y su apariencia solo para recibir más "likes", sacrificando su autenticidad y bienestar emocional en el proceso.

## La Autoexposición: El Costo Psicológico de Estar Siempre Bajo la Mirada

La necesidad de validación en las redes sociales también ha llevado a una hiperexposición de la vida personal. En la búsqueda de reconocimiento y aprobación, muchas personas sienten la necesidad de compartir cada aspecto de su vida, desde los momentos más triviales hasta los más íntimos. Esta constante exposición puede tener efectos psicológicos graves, ya que el individuo se siente continuamente juzgado por una audiencia que, en su mayoría, no es cercana ni significativa... y menos aún, interesado por la vida real del creador de contenido.

La sensación de estar siempre bajo la mirada de otros puede generar ansiedad de rendimiento, donde las personas sienten que deben cumplir con las expectativas del público en todo momento. La espontaneidad y la autenticidad desaparecen, y en su lugar, se presenta una versión cuidadosamente construida de la realidad. Es similar a un álbum de fotos, en donde solo se colocan los momentos felices, pero se excluyen los tragos amargos de la vida. Esta necesidad de "actuar" para una audiencia virtual crea una desconexión entre la vida real y la vida online, lo que puede generar estrés emocional y una crisis de identidad, ya que el individuo se ve atrapado en un papel que no refleja su verdadero ser.

Además, la exposición continua a críticas o comentarios negativos puede tener un impacto devastador en la autoestima. El ciberacoso, las burlas o los comentarios hirientes sobre la apariencia o el comportamiento son comunes en las redes sociales, y muchas veces los usuarios no están preparados para lidiar con este tipo de ataques. La naturaleza pública de las plataformas hace que las críticas sean visibles para todos, lo que amplifica el daño emocional y genera una mayor presión por ajustarse a las expectativas sociales.

El acoso cibernético se ha convertido en un problema grave en las redes sociales que afecta a personas de todas las edades. Con el anonimato que brindan las plataformas en línea, se han vuelto más frecuentes los comportamientos dañinos como el acoso y el doxing (en el que se comparte información personal públicamente para intimidar o hacer daño).

Las consecuencias del acoso cibernético pueden ser devastadoras y a veces provocar angustia emocional grave e incluso el suicidio entre las víctimas.

## El Falso Sentido de Conexión y Aceptación

Otro efecto negativo de las redes sociales en la autoimagen es el falso sentido de conexión y aceptación. Aunque las plataformas están diseñadas para hacer que las personas se sientan conectadas con otros, esta conexión es a menudo superficial y basada en apariencias. Los "Me gusta" y comentarios pueden dar la impresión de que se tiene un amplio círculo de apoyo, pero en realidad, estas interacciones carecen de profundidad emocional.

Este falso sentido de aceptación puede ser peligroso, ya que crea una dependencia emocional hacia las redes, donde las personas buscan continuamente la aprobación de un público que no está verdaderamente involucrado en su bienestar. Cuando estas interacciones no proporcionan la satisfacción emocional esperada, el individuo puede sentirse aún más solo e insatisfecho, lo que refuerza la baja autoestima y la inseguridad.

## El Impacto a Largo Plazo en la Salud Mental

El costo psicológico del "efecto espejo" en las redes sociales es profundo y duradero. La exposición continua a imágenes idealizadas, la dependencia de la validación externa y la hiperexposición emocional pueden llevar a problemas de salud mental, como la ansiedad, la depresión y los trastornos de la autoimagen. Aunque no todas las personas experimentan estos efectos de manera directa, el impacto colectivo en la sociedad es evidente: vivimos en una cultura donde el valor personal está vinculado a la apariencia y la aceptación social.

A largo plazo, el uso excesivo de las redes sociales puede generar una desconexión entre el yo real y el yo digital, lo que lleva a una sensación de alienación y confusión de identidad. Las personas que dependen de las redes para sentirse validadas pueden tener dificultades para desarrollar una autoestima sólida y estable, lo que las hace más vulnerables a los efectos negativos de las críticas y la comparación social.

## Reconstruyendo la Autoimagen en la Era Digital

El "efecto espejo" de las redes sociales ha transformado radicalmente la manera en que nos vemos a nosotros mismos y a los demás. Aunque estas plataformas ofrecen beneficios en términos de conectividad y expresión, su impacto negativo en la autoimagen no puede ser ignorado. La comparación constante, y la presión por alcanzar estándares de belleza inalcanzables, y la búsqueda constante de validación externa están deteriorando la forma en que las personas se valoran a sí mismas. La necesidad de encajar en un molde socialmente aceptado, junto con la hiperexposición a las críticas y la vigilancia constante, está generando una crisis de autoestima y salud mental a nivel global.

Para reconstruir una autoimagen más saludable en la era digital, es crucial que las personas aprendan a establecer límites claros en su uso de las redes sociales. Esto implica no solo reducir el tiempo dedicado a estas plataformas, sino también cuestionar activamente el contenido que consumen. Es fundamental entender que muchas de las imágenes que vemos en línea no representan la realidad, sino versiones filtradas y curadas que están diseñadas para impresionar.

El primer paso hacia una autoimagen más sana es fomentar la autocompasión y el reconocimiento de que nadie es perfecto. Todos tenemos inseguridades y luchas, pero las redes sociales tienden a ocultar esas vulnerabilidades, lo que genera una falsa sensación de perfección. Al practicar la autocompasión y recordar que lo que se ve en línea no es siempre representativo, es posible reducir la presión de cumplir con estándares inalcanzables.

Además, es importante fomentar la autenticidad en lugar de la perfección. Alentar a las personas a ser auténticas en su contenido y compartir sus verdaderas experiencias puede contribuir a crear una cultura más honesta y empática en línea. Al mismo tiempo, es necesario enseñar a los usuarios a valorar más la calidad de las interacciones que la cantidad, priorizando relaciones reales y significativas por encima de la superficialidad digital.

**Educación y Conciencia**

Otro aspecto esencial es la educación digital. Desde una edad temprana, los jóvenes deben ser educados sobre los riesgos y las trampas de las redes sociales. Comprender los efectos psicológicos del uso excesivo de estas plataformas y aprender a construir una autoestima sólida basada en logros reales y relaciones auténticas es fundamental para evitar caer en la trampa de la validación externa.

Por último, las plataformas mismas tienen la responsabilidad de abordar estos problemas. Con la creciente concientización sobre los efectos negativos de las redes sociales en la salud mental, algunas empresas tecnológicas han comenzado a implementar funciones como el ocultamiento de los "likes" o notificaciones limitadas. Estas iniciativas buscan mitigar la presión social que las redes generan, aunque aún queda un largo camino por recorrer para que las plataformas sean un espacio más saludable para la autoimagen de los usuarios.

## Recuperando el Control de la Autoimagen

Las redes sociales han creado un espejo distorsionado en el que las personas constantemente se miden y evalúan. La presión por cumplir con los estándares de belleza, éxito y perfección que predominan en estas plataformas está erosionando la autoestima y afectando la salud mental de millones de personas. Sin embargo, al tomar conciencia de estos problemas y aprender a utilizar las redes de manera más consciente y auténtica, es posible recuperar el control sobre la autoimagen y construir una relación más saludable con uno mismo en la era digital.

Recuperar el poder sobre nuestra propia identidad implica entender que nuestra valía no está determinada por los "likes", los seguidores ni la aprobación externa, sino por quiénes somos realmente y cómo nos tratamos a nosotros mismos. Al encontrar un equilibrio entre la vida en línea y la vida real, podemos evitar que el "efecto espejo" de las redes sociales distorsione nuestra percepción y nos aleje de nuestra verdadera esencia.

# Capítulo 5
# Tiempos de Polarización:
# Redes Sociales y la Fragmentación
# de la Sociedad

Las redes sociales, en sus inicios, fueron vistas como una herramienta para la conexión global, un espacio donde las personas de diferentes orígenes podían intercambiar ideas, experiencias y perspectivas. Sin embargo, con el paso del tiempo, se ha hecho evidente que estas plataformas también han contribuido a una polarización social sin precedentes. Las redes, en lugar de ser puentes de unión, han potenciado la fragmentación de la sociedad, dividiendo a las personas en grupos que se refuerzan mutuamente, alimentando tensiones y exacerbando conflictos.

Este fenómeno de polarización es un reflejo de cómo las redes sociales influyen en nuestras interacciones y en la forma en que percibimos a quienes tienen puntos de vista diferentes. Desde una perspectiva tanto social como psicológica, el impacto de estas plataformas ha alterado la forma en que las personas se relacionan con el mundo, profundizando las divisiones ideológicas, políticas y culturales. La realidad que construimos en nuestras interacciones en línea está moldeada por los algoritmos que priorizan ciertos tipos de contenido, creando burbujas informativas y reforzando creencias preexistentes.

## Algoritmos y Cámaras de Eco: El Refuerzo de la Polarización

Uno de los principales motores detrás de la polarización en las redes sociales es el algoritmo. Estas plataformas están diseñadas para maximizar el tiempo que los usuarios pasan interactuando con contenido, y una forma efectiva de hacerlo es mostrarles más de lo que les interesa o con lo que ya están de acuerdo. Así, en lugar de fomentar el diálogo abierto o la diversidad de ideas, las redes crean cámaras de eco, espacios cerrados en los que los usuarios están expuestos principalmente a contenido que refuerza sus creencias y perspectivas.

Estas cámaras de eco tienen un profundo efecto en la percepción de la realidad. Al estar rodeados de información que coincide con nuestras creencias, podemos llegar a pensar que nuestras opiniones son ampliamente compartidas o que son las únicas válidas. Esta dinámica no solo refuerza el sesgo de confirmación, sino que también reduce la capacidad de las personas para empatizar con quienes piensan diferente. En lugar de ver las diferencias como una oportunidad para el diálogo, las redes sociales tienden a exacerbarlas, fomentando el antagonismo y el rechazo hacia los demás.

Desde un punto de vista psicológico, esta exposición repetida a un único punto de vista puede fortalecer lo que se conoce como polarización de grupo, un fenómeno en el que las opiniones de las personas se vuelven más extremas cuando interactúan solo con personas que comparten sus creencias. Esto genera una dinámica peligrosa: los usuarios no solo se aíslan en su burbuja ideológica, sino que también se vuelven más rígidos y menos dispuestos a considerar puntos de vista alternativos.

## La Cultura de la Indignación: Contenido Emocionalmente Cargado

Otro factor clave en la polarización generada por las redes sociales es la cultura de la indignación. Las plataformas tienden a favorecer contenido que genera emociones fuertes, como la ira, el miedo o la indignación. Este tipo de contenido es más propenso a volverse viral, ya que las personas tienen una mayor tendencia a compartir publicaciones que les provocan reacciones emocionales intensas. La indignación, en particular, se ha convertido en una poderosa herramienta para movilizar a los usuarios, ya sea a favor o en contra de un tema.

La exposición constante a contenidos que solo buscan indignar y polarizar no solo afecta la forma en que los usuarios perciben la realidad, sino también cómo se sienten respecto a los demás. Al ver constantemente publicaciones que pintan al "otro" como el enemigo o una amenaza, se refuerza una visión dicotómica del mundo: "nosotros" contra "ellos". Esto no solo deshumaniza a quienes piensan diferente, sino que también genera una espiral de hostilidad, en la que cada bando se siente más justificado en su posición y menos dispuesto a comprometerse o dialogar.

Desde una perspectiva psicológica, esta exposición constante al conflicto y la indignación puede aumentar los niveles de estrés y ansiedad. Las personas que pasan mucho tiempo en redes sociales pueden sentirse abrumadas por la cantidad de enfrentamientos y negatividad que ven, lo que puede afectar su bienestar emocional y su visión del mundo como un lugar hostil y dividido. Además, la polarización emocional también contribuye a la desensibilización, donde las personas se vuelven menos sensibles al sufrimiento de los demás y más propensas a ver a los "oponentes" como enemigos a ser derrotados en lugar de personas con quienes pueden dialogar.

## Desinformación y Fake News: Alimento para la Fragmentación

Otro elemento crucial en la fragmentación de la sociedad a través de las redes sociales es la proliferación de desinformación y fake news (Noticias falsas). Estas plataformas han facilitado la difusión rápida y masiva de información falsa o manipulada, que a menudo es diseñada para reforzar creencias preexistentes o para generar miedo y división. Las noticias falsas suelen ser emocionalmente impactantes, lo que las hace altamente compartibles, y en muchos casos, los usuarios no verifican la veracidad de lo que comparten.

La desinformación alimenta la polarización al crear narrativas conflictivas que refuerzan la desconfianza hacia los medios de comunicación tradicionales, las instituciones y, por supuesto, hacia los grupos que sostienen creencias diferentes. Esta dinámica socava el discurso racional y fomenta la creación de comunidades cerradas donde la información que circula está diseñada para confirmar una visión particular del mundo, sin espacio para el cuestionamiento o el debate crítico.

Desde el punto de vista social, esto genera una erosión del consenso sobre la verdad. Si bien las diferencias de opinión siempre han existido, las redes sociales han hecho que estas diferencias se amplifiquen a tal punto que incluso los hechos básicos se ponen en duda. Esto no solo dificulta el diálogo entre grupos opuestos, sino que también debilita la capacidad de la sociedad para enfrentar problemas comunes de manera efectiva. En lugar de buscar soluciones, los grupos polarizados se encierran en sus propias narrativas, lo que agrava la fragmentación social.

## El Ciberactivismo: ¿Solución o Parte del Problema?

El ciberactivismo ha sido uno de los desarrollos más destacados de la era de las redes sociales. Movimientos sociales como #McToo, Black Lives Matter, o Fridays for Future han encontrado en estas plataformas un espacio para movilizar a millones de personas alrededor del mundo. Si bien esto ha demostrado el poder de las redes para impulsar cambios sociales, también ha generado divisiones profundas entre aquellos que apoyan estos movimientos y quienes se oponen a ellos.

Desde una perspectiva crítica, aunque el ciberactivismo ha sido esencial para visibilizar causas importantes, también ha exacerbado la polarización social. Los debates en línea suelen ser reducidos a consignas simplistas y maniqueas, donde los matices se pierden. Esto refuerza la percepción de que el mundo está dividido entre "buenos" y "malos", y muchas veces los usuarios se sienten moralmente justificados para atacar y desacreditar a quienes no comparten sus puntos de vista.

En este sentido, las redes sociales han creado un ambiente donde el activismo de confrontación es más visible que el diálogo constructivo. Las discusiones en línea, en lugar de generar comprensión mutua, muchas veces se transforman en enfrentamientos verbales, reforzando las divisiones y creando barreras emocionales y sociales entre diferentes grupos.

## Las Consecuencias de la Fragmentación Social

La fragmentación social causada por la polarización en las redes sociales tiene consecuencias profundas y duraderas. En un nivel colectivo, las sociedades polarizadas son menos capaces de enfrentar desafíos comunes, ya que la desconfianza y la hostilidad entre los grupos dificultan la cooperación. Desde un punto de vista político, esto puede generar una mayor inestabilidad, ya que la incapacidad de llegar a consensos socava la legitimidad de las instituciones y debilita la cohesión social.

En un nivel individual, la polarización también tiene efectos emocionales y psicológicos. Las personas que se sumergen en el conflicto constante de las redes sociales pueden sentirse alienadas y ansiosas, y la exposición repetida a la hostilidad y la indignación puede generar una visión cínica del mundo. Esto, a su vez, puede llevar a una desconexión emocional de la realidad, donde los usuarios se sienten impotentes para influir en el curso de los acontecimientos y, en muchos casos, optan por retirarse de las interacciones sociales en línea y fuera de línea.

## Hacia una Sociedad Menos Polarizada

Si bien las redes sociales han jugado un papel importante en la fragmentación de la sociedad, también ofrecen oportunidades para revertir este proceso. Las plataformas tecnológicas tienen la responsabilidad de modificar sus algoritmos y promover contenido que fomente el diálogo y la comprensión, en lugar de priorizar el contenido divisivo. Además, es fundamental que los usuarios aprendan a consumir información de manera crítica y a interactuar con personas que piensen de manera diferente de manera respetuosa y constructiva.

La clave para superar la polarización es fomentar una cultura del diálogo, donde las diferencias sean vistas como oportunidades para el aprendizaje y la reflexión, en lugar de razones para el enfrentamiento. Esto requiere un esfuerzo colectivo, tanto por parte de las plataformas tecnológicas como de los usuarios, para cambiar las dinámicas que promueven la confrontación y la división. En lugar de alimentarse de la cultura de la indignación y la desinformación, debemos trabajar hacia una comunicación más empática y constructiva, donde el objetivo sea comprender al otro, no derrotarlo.

Una posible solución es la alfabetización mediática y digital, en la que las personas sean capacitadas para reconocer la desinformación, entender el funcionamiento de los algoritmos, y cultivar habilidades críticas para identificar contenido polarizante. Esto no solo ayudaría a frenar la proliferación de fake news, sino también a reducir la tendencia a asumir posiciones extremas basadas en emociones y no en hechos.

Además, es importante fomentar el pensamiento crítico y la tolerancia a la diversidad de ideas. Los usuarios deben ser conscientes de que las redes sociales no reflejan toda la realidad, sino una versión parcial y a menudo manipulada de ella. Desarrollar una actitud más reflexiva y crítica puede ayudar a las personas a salir de sus burbujas informativas y a ser más receptivas a puntos de vista diversos.

En última instancia, las redes sociales tienen el potencial de convertirse en espacios donde se fomente el diálogo constructivo, pero esto solo será posible si tanto las plataformas como los usuarios toman medidas conscientes para cambiar las dinámicas de polarización. La fragmentación social no es un destino inevitable; es el resultado de cómo interactuamos en el entorno digital. Cambiar nuestra relación con las redes sociales y nuestra forma de interactuar en ellas es esencial para construir una sociedad más inclusiva, menos polarizada, y mejor conectada en su diversidad.

En este capítulo hemos analizado cómo las redes sociales han exacerbado la polarización y la fragmentación social, desde los algoritmos que refuerzan las cámaras de eco, hasta la cultura de la indignación y la proliferación de desinformación. Sin embargo, también hemos explorado soluciones viables para mitigar este impacto, desde la educación digital hasta la promoción del pensamiento crítico y el diálogo constructivo.

El desafío ahora es recuperar el control sobre nuestra interacción en las plataformas sociales, aprendiendo a utilizar las redes de manera que fomenten la comprensión mutua en lugar del conflicto. Solo así podremos superar la división y reconstruir el tejido social dañado por la polarización digital, avanzando hacia un futuro donde las redes sociales no sean un agente de fragmentación, sino un puente hacia el entendimiento.

# Capítulo 6
# Detrás de los Likes:
# La Economía de la Atención
# y el Poder de las Plataformas

Las redes sociales se han convertido en una parte omnipresente de la vida diaria, donde millones de usuarios interactúan, comparten y consumen contenido constantemente. Sin embargo, detrás de cada "like", comentario o visualización, existe una maquinaria compleja que opera según los principios de la economía de la atención. Esta economía no solo busca captar la atención de los usuarios, sino también maximizar el tiempo que pasan en las plataformas para obtener beneficios comerciales. En este capítulo, exploraremos cómo funciona la economía de la atención, el papel que juegan los algoritmos y el poder que tienen las plataformas para moldear el comportamiento humano.

## La Economía de la Atención: El Recurso Más Valioso

Como hemos señalado con anterioridad, en la era digital, la atención de las personas se ha convertido en el recurso más valioso. Las redes sociales compiten ferozmente por captar y retener la atención de los usuarios, ya que de esto depende su modelo de negocio. El tiempo que un usuario pasa en una plataforma genera ingresos a través de la publicidad y otras formas de monetización. Así, la economía de la atención es el sistema en el que las empresas tecnológicas operan para transformar nuestra atención en beneficios económicos.

Desde un punto de vista psicológico, la atención es un recurso limitado, lo que significa que las plataformas deben diseñar estrategias efectivas para capturarla de manera continua. Esto se logra mediante algoritmos que estudian y predicen las preferencias de los usuarios, optimizando los contenidos que aparecen en sus feeds para que estos no quieran dejar de interactuar. Este sistema se basa en el refuerzo constante, donde cada "like" o notificación activa mecanismos en el cerebro que generan pequeñas dosis de dopamina, reforzando el comportamiento y creando un ciclo de adicción.

La economía de la atención no solo explota la necesidad humana de reconocimiento y conexión, sino que también manipula la psicología de la recompensa. Las interacciones en redes sociales, como recibir likes o comentarios positivos, activan los mismos circuitos cerebrales que las recompensas tangibles, lo que provoca una búsqueda constante de validación y retroalimentación inmediata. Así, los usuarios se ven atrapados en un ciclo de retroalimentación constante, donde buscan interacciones rápidas y estímulos positivos que les confirmen su valor social.

## El Poder de los Algoritmos: Controlando lo que Vemos

El algoritmo es el corazón de la economía de la atención. Las plataformas como Facebook, Instagram,

YouTube y TikTok, como así también las plataformas de streaming (Amazón, Netflix) utilizan algoritmos avanzados que no solo muestran el contenido que creemos querer ver, sino el que nos mantendrá más tiempo interactuando. Estos algoritmos recopilan datos masivos sobre nuestras preferencias, comportamientos y patrones de interacción, para luego ajustarse y ofrecernos contenido cada vez más personalizado.

El poder de los algoritmos radica en su capacidad para manipular nuestra experiencia en las redes sociales. Si bien los usuarios sienten que están en control de lo que ven y a quién siguen, en realidad son los algoritmos los que determinan la mayoría del contenido que aparece en sus feeds. Al priorizar contenido que genera más interacciones, las plataformas perpetúan la exposición a publicaciones sensacionalistas, polémicas o emocionalmente cargadas, ya que son las más efectivas para captar la atención y maximizar el tiempo de uso.

Esta dinámica tiene profundas implicaciones tanto sociales como psicológicas. Desde un punto de vista social, los algoritmos fomentan la uniformidad en lugar de la diversidad de puntos de vista. Al ver solo contenido con el que estamos de acuerdo o que confirma nuestras creencias, nos aislamos en burbujas informativas que refuerzan nuestras opiniones y sesgos. Esto no solo contribuye a la polarización, sino que también limita nuestra capacidad para cuestionar nuestras ideas y considerar perspectivas diferentes.

Psicológicamente, la constante exposición a contenido diseñado para atraer y retener nuestra atención puede generar fatiga mental y ansiedad. La sobrecarga de información y el flujo constante de estímulos pueden abrumar nuestra capacidad cognitiva para procesar y discriminar la información relevante. A largo plazo, esto puede afectar la capacidad de concentración, fomentar la adicción y reducir la satisfacción general con la vida fuera de las pantallas.

## Monetización y Datos: El Usuario como Producto

Una de las máximas más conocidas en la era digital es: "Si no estás pagando por el producto, tú eres el producto". Las redes sociales funcionan bajo un modelo de negocio en el que los datos personales de los usuarios son una mercancía valiosa. Cada clic, cada búsqueda y cada interacción genera datos que son recogidos y vendidos a anunciantes que buscan segmentar sus campañas de mancra más cfectiva.

Este modelo basado en la publicidad ha convertido a los usuarios en una fuente constante de ingresos para las plataformas. Los datos que generamos permiten a las empresas tecnológicas construir perfiles increíblemente detallados sobre nuestras preferencias, intereses y comportamientos, lo que a su vez les permite vender publicidad altamente personalizada. Este grado de personalización puede parecer beneficioso para el usuario, ya que el contenido y los anuncios parecen estar alineados con sus intereses, pero en realidad es una forma de explotación de la atención.

El verdadero poder de las plataformas no reside solo en su capacidad para captar nuestra atención, sino en su habilidad para influenciar el comportamiento. Al recopilar datos masivos, las plataformas pueden predecir con precisión qué tipo de contenido nos mantendrá más tiempo conectados y cómo dirigirnos con anuncios que tienen una mayor probabilidad de generar una respuesta. Este proceso erosiona la autonomía del usuario, que muchas veces no es consciente de cómo su experiencia en línea está cuidadosamente diseñada para maximizar los beneficios económicos de la plataforma.

## El Costo de la Atención: Salud Mental y Relaciones Sociales

El constante enfoque en capturar nuestra atención tiene un alto costo tanto en términos de salud mental como en nuestras relaciones sociales. La búsqueda constante de validación a través de "likes" y comentarios genera una ansiedad social que afecta a usuarios de todas las edades, pero especialmente a los jóvenes. La economía de la atención no solo promueve la adicción a las redes sociales, sino que también fomenta un comportamiento competitivo y comparativo, donde los usuarios se sienten presionados a proyectar una versión idealizada de sus vidas.

El resultado es una desconexión entre la vida real y la vida digital, donde la percepción de éxito, belleza o felicidad se mide en términos de interacciones en línea. Esta disonancia genera sentimientos de insatisfacción y frustración, ya que muchos usuarios sienten que nunca alcanzan los estándares inalcanzables que ven reflejados en las plataformas. Desde una perspectiva psicológica, esta constante comparación social es una de las principales causas de la creciente crisis de autoestima y depresión asociada con el uso excesivo de redes sociales.

Además, el impacto de la economía de la atención no se limita al individuo, sino que también afecta las relaciones interpersonales. La constante necesidad de estar conectado y disponible en línea puede erosionar la calidad del tiempo que pasamos con nuestros seres queridos, afectando nuestras interacciones cara a cara. El desplazamiento de la atención hacia las pantallas crea barreras emocionales que dificultan la construcción de conexiones profundas y auténticas.

## La Responsabilidad de las Plataformas: ¿Hacia un Futuro Más Ético?

Dada la magnitud de los efectos de la economía de la atención, surge la pregunta de hasta qué punto las plataformas tecnológicas tienen la responsabilidad de mitigar estos efectos negativos. En los últimos años, algunas redes sociales han comenzado a implementar cambios, como la reducción de notificaciones o la introducción de herramientas para controlar el tiempo que los usuarios pasan en sus aplicaciones. Estas iniciativas buscan contrarrestar los efectos adictivos del diseño de las plataformas y promover un uso más saludable.

Sin embargo, estos esfuerzos aún son insuficientes frente a la magnitud del problema. A medida que las plataformas continúan perfeccionando sus algoritmos y desarrollando nuevas formas de captar la atención, es necesario un debate ético más amplio sobre el papel de las empresas tecnológicas en la vida de las personas. Las redes sociales tienen un enorme poder sobre el comportamiento humano, y con ese poder viene la responsabilidad de crear entornos que promuevan el bienestar, en lugar de explotarlo.

Es fundamental que se promueva una mayor transparencia en cómo funcionan los algoritmos y cómo se utilizan los datos personales de los usuarios. Al mismo tiempo, los gobiernos y reguladores también deben intervenir para asegurar que las plataformas operen de manera ética y responsable, protegiendo los derechos de los usuarios y limitando las prácticas que puedan ser perjudiciales para la salud mental y la cohesión social.

## Recuperar la Atención en la Era Digital

La economía de la atención ha convertido a las redes sociales en una máquina poderosa capaz de captar, retener y explotar nuestra atención para obtener beneficios comerciales. Este modelo no solo afecta cómo nos relacionamos con la tecnología, sino que también tiene profundas implicaciones para nuestra salud mental, nuestras relaciones sociales, y la forma en que percibimos el mundo.

Sin embargo, como usuarios, también tenemos el poder de recuperar el control sobre nuestra atención. Ser conscientes de cómo funcionan los algoritmos y cómo nuestra experiencia en las redes está diseñada para atraparnos es el primer paso para tomar decisiones más informadas sobre el tiempo y la energía que dedicamos a estas plataformas. Al tomar decisiones más informadas sobre el tiempo y la energía que dedicamos a estas plataformas, podemos empezar a liberar nuestra atención de la lógica implacable de la economía digital. La autorregulación y el establecimiento de límites claros sobre el uso de las redes sociales son herramientas esenciales para evitar caer en la trampa de la distracción constante.

Otra forma de recuperar nuestra atención es promover el uso de plataformas más éticas o alternativas tecnológicas que no se basen exclusivamente en la explotación del tiempo y los datos de los usuarios. Existen redes sociales emergentes que se centran en la privacidad, la transparencia y en proporcionar una experiencia en línea más equilibrada y menos adictiva. Aunque no son tan dominantes como los gigantes actuales, representan un movimiento hacia un uso más consciente y menos invasivo de la tecnología.

En última instancia, la relación entre los usuarios y las redes sociales es bidireccional. Mientras las plataformas desarrollan mecanismos para captar y retener nuestra atención, también podemos ser agentes activos en redefinir cómo interactuamos con ellas. Al entender los mecanismos psicológicos y económicos que están detrás de cada interacción digital, tenemos el poder de tomar decisiones más saludables y de proteger nuestra salud mental y nuestras relaciones sociales.

## Un Futuro Basado en el Equilibrio

El desafío de la era digital es encontrar un equilibrio entre los beneficios que ofrecen las redes sociales y los riesgos que plantea su modelo económico. La economía de la atención no va a desaparecer, ya que está profundamente integrada en la estructura de las plataformas tecnológicas, pero podemos aprender a gestionar mejor nuestra relación con estas herramientas. Las redes sociales pueden seguir siendo espacios de conexión, información y entretenimiento, pero su uso debe ser consciente, crítico y equilibrado.

Recuperar nuestra atención significa recuperar nuestra autonomía en un mundo donde los algoritmos buscan constantemente distraernos. No es solo una cuestión de bienestar individual, sino también de fortalecer nuestras relaciones y reconectar con lo que realmente importa en nuestras vidas. Al adoptar un enfoque más consciente, podemos reducir el impacto negativo de la economía de la atención y fomentar un uso de las redes sociales que esté alineado con nuestros valores y objetivos personales.

# Capítulo 7
# Más Allá de la Pantalla: Impactos Psicológicos y Sociales del Uso Extremo

El uso extremo de las redes sociales, una constante en la vida moderna ha provocado una serie de efectos profundos tanto en la psicología individual como en las dinámicas sociales. Lo que comenzó como una herramienta para conectar personas y compartir ideas se ha transformado en un entorno digital que puede consumir horas diarias, moldear identidades, y distorsionar nuestra percepción de la realidad.

Su naturaleza y uso compulsivo puede generar adicción, en la que las personas experimentan ansiedad cuando se desconectan de sus cuentas. Esta adicción suele verse exacerbada por contenidos seleccionados que promueven comparaciones poco realistas, lo que fomenta sentimientos de incompetencia y miedo a perderse algo (FOMO, por sus siglas en inglés) entre los usuarios.

La combinación de conectividad constante y exposición a vidas seleccionadas puede afectar significativamente la salud mental, creando un ciclo de estrés y ansiedad del que los usuarios encuentran difícil escapar.

En este capítulo, exploraremos cómo el uso excesivo de redes sociales impacta nuestra salud mental, altera nuestra autoimagen y autoestima, y afecta las relaciones interpersonales y la estructura social en general.

## La Adicción a las Redes Sociales: Un Problema Creciente

La adicción a las redes sociales ha sido reconocida como una forma emergente de comportamiento compulsivo. Aunque no aparece en todos los manuales de diagnósticos psicológicos, el uso excesivo de plataformas digitales presenta claros signos de dependencia psicológica. Este tipo de adicción se caracteriza por la necesidad constante de revisar notificaciones, publicaciones y mensajes, así como la incapacidad de limitar el tiempo que se pasa en estas plataformas, incluso cuando se es consciente de los efectos negativos.

Es común ver algo que no sucedía un par de décadas atrás. Jóvenes que se toman su tiempo y esfuerzo por concurrir a un gimnasio y hacer un adiestramiento para mejorar su cuerpo y salud, pero que no pueden desprenderse de su teléfono móvil, pasando más tiempo revisando sus redes sociales que haciendo ejercicios. El lema "Cuerpo y mente sana" parece haber caducado.

Desde un punto de vista psicológico, la adicción a las redes sociales está impulsada por los mismos mecanismos que sostienen otras adicciones. Las interacciones en línea, como recibir "Me gusta" o comentarios positivos, desencadenan la liberación de dopamina en el cerebro, una sustancia química asociada con las sensaciones de placer y recompensa.

Este ciclo de gratificación inmediata refuerza el comportamiento de buscar constantemente la aprobación digital y nos lleva a pasar más tiempo en las plataformas, en detrimento de otras áreas de nuestra vida.

El uso extremo de las redes sociales puede interferir con la vida cotidiana, afectando el rendimiento laboral, el rendimiento académico y las relaciones personales. Seguro que ha visto empleados en las cajas de cobro de un supermercado o entidad bancaria, que mientras hace su labor, revisa y contesta los mensajes virtuales.

Muchas personas informan sentirse ansiosas o molestas cuando no tienen acceso a sus dispositivos o cuando no reciben la cantidad esperada de interacciones en sus publicaciones. Este comportamiento es indicativo de la adicción a las redes sociales, donde el usuario pierde control sobre el tiempo y la atención que dedica a las plataformas, lo que puede resultar en aislamiento y fatiga emocional.

## La Salud Mental en Declive: Depresión, Ansiedad y Soledad

Diversos estudios han encontrado una relación directa entre el uso excesivo de redes sociales y un aumento en los síntomas de depresión, ansiedad y soledad. Aunque las redes sociales nos brindan la oportunidad de estar conectados con más personas que nunca, paradójicamente, el uso intensivo de estas plataformas está vinculado con una mayor sensación de desconexión emocional.

Como ya hemos citado, uno de los principales factores que contribuyen a este fenómeno es la tendencia a compararse constantemente con los demás. Las redes sociales presentan una versión filtrada y editada de la vida de las personas, donde los usuarios publican principalmente momentos felices o de éxito. Esta versión idealizada de la realidad puede hacer que otros se sientan inadecuados o insatisfechos con sus propias vidas. Psicológicamente, esta comparación social negativa puede erosionar la autoestima, generando sentimientos de inferioridad y fracaso.

El uso extremo de las redes sociales también ha sido vinculado a un fenómeno llamado FOMO (por sus siglas en inglés, "Fear of Missing Out", o miedo a perderse algo). Este temor constante de estar desconectado o de perderse eventos o experiencias importantes en línea puede causar altos niveles de ansiedad. Las personas que experimentan FOMO sienten una presión constante para mantenerse conectadas y al tanto de todo lo que sucede en el entorno digital, lo que puede aumentar el estrés y reducir el bienestar emocional.

Además, la soledad digital, un fenómeno en el que los usuarios, a pesar de estar en constante interacción en línea, se sienten solos y desconectados en la vida real, es otro problema grave que ha emergido con el uso excesivo de redes sociales. La calidad de las interacciones en línea suele ser superficial, y las relaciones interpersonales en plataformas digitales rara vez ofrecen el mismo nivel de apoyo emocional o intimidad que las relaciones en persona.

## El Deterioro de las Habilidades Sociales y la Comunicación

El uso extremo de las redes sociales también puede afectar negativamente nuestras habilidades sociales y nuestra capacidad para mantener relaciones profundas y significativas. Pasar largas horas en un entorno digital, donde las interacciones son breves y superficiales, puede erosionar la capacidad de las personas para comunicarse eficazmente en la vida real. Las conversaciones en línea suelen ser rápidas, fragmentadas, y limitadas en contenido emocional, lo que reduce la práctica y el desarrollo de habilidades comunicativas esenciales, como la empatía, la escucha activa, y la resolución de conflictos.

A medida que las interacciones digitales reemplazan cada vez más las interacciones cara a cara, las personas pueden perder la capacidad de construir relaciones profundas y auténticas. Esto es particularmente problemático en el caso de los jóvenes, quienes están creciendo en un entorno donde la comunicación a través de pantallas es la norma. La falta de interacción personal puede dificultar el desarrollo de relaciones íntimas y de confianza, lo que puede aumentar los sentimientos de soledad y aislamiento emocional.

Desde una perspectiva social, el uso extremo de redes sociales también puede llevar a la deshumanización de las interacciones. Detrás de las pantallas, es fácil olvidar que las personas con las que interactuamos en línea son seres humanos con emociones y experiencias complejas. Esto puede fomentar comportamientos negativos como el ciberacoso y el trolling, donde los usuarios se sienten habilitados para agredir verbalmente o humillar a otros sin enfrentar consecuencias inmediatas.

## La Pérdida del Tiempo y la Productividad

Uno de los efectos más evidentes del uso extremo de las redes sociales es la pérdida de tiempo y la disminución de la productividad. A medida que los usuarios pasan más tiempo revisando notificaciones, desplazándose por sus feeds, y participando en interacciones breves, sus capacidades para concentrarse en tareas prolongadas y exigentes disminuyen. Este efecto se conoce como fragmentación de la atención, en la que el uso constante de redes sociales interrumpe la capacidad del cerebro para enfocarse durante largos periodos de tiempo.

Las interrupciones constantes provocadas por las notificaciones y el hábito de revisar las redes sociales compulsivamente pueden disminuir la capacidad de los individuos para realizar tareas complejas, lo que tiene un impacto directo en el rendimiento laboral o académico. La capacidad de concentrarse profundamente, conocida como trabajo profundo, se vuelve cada vez más difícil de mantener en un entorno lleno de distracciones digitales. Como resultado, el uso extremo de redes sociales contribuye a la procrastinación, la pérdida de tiempo y la sensación de no haber aprovechado el día de manera productiva.

Otro resultado nefasto de la vida digital es el concepto de "gratificación inmediata", donde el contenido se muestra uno tras otro de manera rápida, causando golpes de dopamina, uno tras otro. Así, en la vida real, el usuario de contenido digital se vuelve impaciente e irascible, ya que todo parece viajar en cámara lenta y sin la dosis de gratificación de la que está acostumbrado.

## Impactos en el Sueño y el Bienestar Físico

El uso de redes sociales antes de dormir o en la cama también tiene efectos significativos en la calidad del sueño. Muchos usuarios revisan sus dispositivos hasta altas horas de la noche, lo que puede interferir con la higiene del sueño. La luz azul emitida por las pantallas afecta la producción de melatonina, la hormona que regula el sueño, lo que puede causar insomnio o trastornos en los ciclos de sueño. Por eso se recomienda formatear el teléfono con fondo negro.

Además de interrumpir el sueño, el uso extremo de redes sociales también puede estar asociado con una disminución en el bienestar físico. El tiempo excesivo sentado o en una postura estática frente a la pantalla puede contribuir al sedentarismo, aumentando el riesgo de problemas de salud como la obesidad y las enfermedades cardiovasculares. La falta de actividad física y los malos hábitos de sueño, combinados con el estrés y la ansiedad causados por el uso constante de redes sociales, tienen un impacto negativo en la salud física general.

**¿Es Posible un Uso Saludable de las Redes Sociales?**

A pesar de todos los efectos negativos del uso extremo de redes sociales, es posible recuperar una relación más saludable con estas plataformas. Las redes sociales no son inherentemente dañinas, pero su uso desmedido y sin control puede tener consecuencias graves. Al tomar medidas conscientes para limitar el tiempo que pasamos en las plataformas, desactivar notificaciones, y priorizar las interacciones cara a cara, podemos reducir el impacto negativo en nuestra salud mental y social.

Fomentar una mayor autoconciencia sobre cómo y por qué usamos las redes sociales también es crucial. Al reconocer cuándo estamos usando las plataformas de manera compulsiva o para buscar gratificación inmediata, podemos empezar a implementar hábitos más saludables. Además, promover pausas digitales y desconexiones periódicas puede ayudar a restaurar el equilibrio en nuestras vidas.

**Más Allá de la Pantalla, Hacia un Futuro Consciente**

El uso extremo de las redes sociales ha dejado una huella profunda en nuestra psicología, salud mental y vida social. Aunque estas plataformas ofrecen grandes oportunidades para la conexión y el intercambio de información, también han dado lugar a comportamientos compulsivos, a la erosión de la autoestima y a la desconexión de la realidad física.

La clave para un futuro más saludable radica en el equilibrio y la conciencia. Al tomar conciencia de cómo interactuamos con las redes sociales, podemos redirigir su uso hacia un enfoque más positivo que fomente el bienestar individual y social.

## Un Llamado a la Acción: Construyendo Comunidades Saludables

La transformación de nuestra relación con las redes sociales requiere un esfuerzo colectivo. Esto implica no solo el compromiso individual de los usuarios, sino también una responsabilidad compartida entre las plataformas tecnológicas, educadores, padres y profesionales de la salud mental. Algunos pasos que se pueden tomar incluyen:

Educación sobre el Uso Saludable de las Redes Sociales: Implementar programas educativos que enseñen a los usuarios, especialmente a los jóvenes, sobre los riesgos del uso extremo de redes sociales y cómo establecer límites saludables. Esto incluye reconocer los signos de la adicción y comprender el impacto que tiene en la salud mental y las relaciones interpersonales.

Promover la Transparencia de las Plataformas: Las empresas que desarrollan redes sociales deben ser más transparentes en cuanto a cómo funcionan sus algoritmos y en la forma en que sus diseños están pensados para captar la atención del usuario. Esto no solo fomentaría la confianza, sino que permitiría a los usuarios tomar decisiones más informadas sobre su uso.

<u>Fomentar un Uso Consciente</u>: Animar a las personas a establecer intenciones claras sobre su uso de redes sociales. Esto puede incluir dedicar un tiempo específico cada día para interactuar en plataformas y, a su vez, establecer límites para evitar el desbordamiento. Crear un espacio de reflexión, en el que los usuarios evalúen cómo se sienten después de pasar tiempo en línea, puede ayudar a identificar patrones de uso poco saludables.

<u>Promover Interacciones de Calidad</u>: En lugar de enfocarse en la cantidad de seguidores o "likes", las personas deben ser alentadas a cultivar interacciones significativas. Participar en grupos comunitarios, en actividades presenciales o en discusiones más profundas puede contribuir a una vida social más enriquecedora y gratificante.

<u>Terapia y Apoyo Psicológico</u>: Para aquellos que experimentan problemas graves relacionados con el uso extremo de redes sociales, buscar apoyo de un profesional de salud mental puede ser esencial. La terapia puede ayudar a abordar los problemas subyacentes que contribuyen a la adicción y proporcionar herramientas para manejar la relación con la tecnología de manera más saludable.

**La Esperanza de un Futuro Digital Más Saludable**

A medida que avanzamos en la era digital, es fundamental que tanto individuos como sociedades se enfrenten a los desafíos que presenta el uso extremo de las redes sociales. Hay que reconocer que estas plataformas pueden ser una doble espada es el primer paso para tomar decisiones más informadas y responsables.

Al fomentar un uso más consciente y equilibrado de las redes sociales, es posible aprovechar sus beneficios sin sacrificar nuestra salud mental, nuestras relaciones personales y, en última instancia, nuestra calidad de vida. La transformación de nuestra relación con las redes sociales es un proceso continuo, pero es un camino hacia un futuro donde la tecnología sirve para conectar y enriquecer nuestras vidas en lugar de dominarlas.

El impacto psicológico y social del uso extremo de las redes sociales es un tema complejo que requiere un enfoque multifacético. Las redes sociales han cambiado la forma en que interactuamos y nos comunicamos, pero también han creado nuevas dinámicas que pueden afectar nuestra salud y bienestar. Al ser proactivos y conscientes, podemos dar pasos hacia una vida más equilibrada, donde las redes sociales complementen, en lugar de definir, nuestras experiencias.

Este capítulo ha explorado cómo los impactos psicológicos y sociales del uso extremo de las redes sociales nos obligan a reflexionar sobre nuestra relación con la tecnología. A medida que avanzamos en esta exploración del lado oscuro de las redes sociales, es vital que seamos conscientes de nuestros hábitos, fomentemos conexiones reales y busquemos el bienestar en un mundo cada vez más digitalizado.

# Capítulo 8
# Noticias Falsas y Desinformación: El Nuevo Rostro de la Manipulación Digital

El auge de las redes sociales no solo ha transformado la comunicación, sino que también ha planteado importantes desafíos, en particular en el ámbito del sesgo algorítmico y la desinformación. Si bien los algoritmos apuntan a mejorar la experiencia del usuario seleccionando contenido, pueden reproducir inadvertidamente sesgos humanos presentes en los conjuntos de datos de entrenamiento, lo que conduce a imprecisiones sistemáticas en la difusión de la información.

La difusión de información errónea es especialmente preocupante, ya que la información falsa puede propagarse rápidamente a través de estas plataformas, afectando la percepción pública y la toma de decisiones sobre cuestiones críticas como la salud y la política.

Los estudios indican que la naturaleza viral de las redes sociales alienta a los usuarios a compartir información sin verificar su exactitud, amplificando así el alcance de las falsedades.

La proliferación de fake news y desinformación se ha convertido en uno de los desafíos más apremiantes del siglo XXI, especialmente en la era de la información digital. A medida que las redes sociales han ganado terreno como fuentes de información, también han facilitado la difusión de contenidos engañosos que pueden distorsionar la percepción pública, influir en la opinión pública y socavar la confianza en las instituciones. En este capítulo, exploraremos cómo la desinformación ha transformado el paisaje mediático, sus implicaciones para la sociedad y la psicología de la manipulación.

## El Surgimiento de las Fake News

Las fake news, definidas como información falsa o engañosa presentada como si fuera auténtica, han existido en diversas formas a lo largo de la historia. Sin embargo, su expansión y la velocidad con la que se propagan en el contexto actual es sin precedentes. El auge de las redes sociales ha facilitado que estas noticias se difundan rápidamente a una audiencia global, a menudo superando la veracidad de las noticias reales.

Los algoritmos que rigen el contenido en plataformas como Facebook, Twitter y YouTube están diseñados para maximizar la interacción del usuario, lo que puede llevar a una mayor exposición a contenidos sensacionalistas y polarizadores. Esto crea un entorno donde la desinformación puede prosperar y donde los usuarios pueden ser guiados hacia contenidos que refuercen sus creencias y prejuicios, en lugar de ofrecerles una visión equilibrada y verificada de la realidad.

## La Psicología Detrás de la Desinformación

La manipulación a través de fake news no solo se basa en la distribución de información incorrecta; también apela a aspectos psicológicos fundamentales de cómo procesamos la información. Varios factores contribuyen a la efectividad de la desinformación:

Sesgo de Confirmación: Las personas tienden a buscar y creer en información que respalda sus propias creencias y opiniones preexistentes. Este sesgo hace que las fake news sean más atractivas y aceptables para aquellos que ya tienen una inclinación hacia el tema en cuestión.

Emoción sobre la Razón: Las fake news a menudo se diseñan para provocar reacciones emocionales intensas, como miedo, ira o asombro. Las emociones fuertes pueden eclipsar la razón y el pensamiento crítico, llevando a las personas a aceptar información falsa sin cuestionarla.

Desconfianza en los Medios Tradicionales: A medida que aumenta la desconfianza en los medios de comunicación convencionales, las personas pueden recurrir a fuentes alternativas de información, muchas de las cuales pueden no ser confiables. Esta desconfianza se alimenta de narrativas que retratan a los medios como sesgados o corruptos, lo que a su vez fomenta la aceptación de contenidos no verificables.

Propagación Viral: Las redes sociales han facilitado la difusión de información en un grado sin precedentes. Un solo post puede alcanzar a miles, e incluso millones, en cuestión de minutos. Este fenómeno de viralidad a menudo prioriza la rapidez sobre la veracidad, haciendo que las noticias falsas se propaguen más rápidamente que las noticias auténticas.

## Consecuencias Sociales de la Desinformación

El impacto de las fake news y la desinformación va más allá de la mera confusión informativa. Tiene consecuencias profundas y a menudo perjudiciales en la sociedad:

Desconfianza Generalizada: La proliferación de desinformación alimenta un clima de desconfianza no solo hacia los medios de comunicación, sino también hacia las instituciones democráticas, los científicos, y las autoridades de salud pública. Esto puede resultar en una crisis de confianza, donde la ciudadanía se muestra escéptica ante información verificada y las directrices emitidas por expertos.

Polarización Social: Las fake news tienden a reforzar divisiones existentes en la sociedad, creando cámaras de eco donde se consolidan creencias extremas y se deslegitiman las opiniones contrarias. Esto puede llevar a una mayor polarización política y social, dificultando el diálogo constructivo y el consenso.

Impacto en la Democracia: La desinformación puede manipular procesos democráticos, como se evidenció en eventos como las elecciones de EE. UU. en 2016 y el referéndum del Brexit en el Reino Unido. Las campañas de desinformación pueden influir en el comportamiento electoral, socavando la integridad de la democracia y debilitando la voluntad del electorado.

Efectos en la Salud Pública: En situaciones críticas, como la pandemia de COVID-19, la difusión de desinformación sobre tratamientos, medidas de prevención y vacunas ha tenido consecuencias mortales. La desinformación puede llevar a comportamientos perjudiciales y a la desobediencia de las recomendaciones de salud pública, comprometiendo la seguridad de la comunidad.

## El Papel de la Tecnología en la Lucha Contra la Desinformación

Ante el creciente problema de las fake news, las plataformas de redes sociales han comenzado a tomar medidas para combatir la desinformación. Estas incluyen:

Verificación de Datos: Muchas plataformas están trabajando con organizaciones de verificación de hechos para etiquetar o eliminar contenido que ha sido identificado como falso. Sin embargo, la efectividad de estas medidas a menudo se ve comprometida por la rapidez con la que se difunde la información y por el mismo sesgo de confirmación que afecta a los usuarios.

Algoritmos de Filtrado: Algunas redes sociales han comenzado a ajustar sus algoritmos para priorizar fuentes de información verificadas y disminuir la visibilidad de contenido engañoso. Sin embargo, esto plantea dilemas éticos sobre la censura y la libertad de expresión.

Educación y Conciencia: Las campañas de educación sobre medios y alfabetización informativa están en aumento, con el objetivo de empoderar a los usuarios para que sean consumidores críticos de la información. Fomentar una cultura de verificación y pensamiento crítico es esencial para mitigar el impacto de la desinformación.

## Desafíos en la Lucha Contra la Desinformación

A pesar de los esfuerzos para abordar la desinformación, existen desafíos significativos:

La Evolución de las Estrategias de Desinformación: Los creadores de fake news son cada vez más sofisticados en sus métodos, utilizando técnicas de manipulación emocional y gráficos atractivos que engañan incluso a los consumidores de medios más informados.

Desafíos Culturales y Sociales: En algunas culturas, la aceptación de la desinformación puede estar arraigada en valores comunitarios o identitarios, lo que hace que sea aún más difícil desafiar estas creencias y fomentar un cambio.

La Resistencia a la Corrección: La investigación muestra que cuando se presenta información que contradice creencias profundamente arraigadas, la reacción puede ser defensiva, llevando a un mayor apego a las creencias originales. Esto, a menudo, se conoce como el "efecto de boomerang" en la corrección de desinformación.

## El Futuro de la Información Digital

La lucha contra las fake news y la desinformación es un desafío continuo que requerirá la colaboración de diversas partes interesadas, incluidos gobiernos, plataformas tecnológicas, educadores y ciudadanos. La creación de un entorno de información saludable es esencial para proteger la democracia, promover la salud pública y fomentar una sociedad informada y crítica.

En última instancia, la capacidad de las sociedades para navegar el complejo paisaje de la información digital dependerá de su compromiso con la alfabetización mediática, la transparencia y el pensamiento crítico. La conciencia de las dinámicas detrás de la desinformación permitirá a los ciudadanos tomar decisiones informadas y participar de manera activa y responsable en la esfera pública.

## Hacia una Era de Información Responsable

A medida que el mundo continúa navegando la era digital, es vital que se tomen medidas proactivas para combatir la desinformación y las fake news. La manipulación digital no solo pone en riesgo la confianza y la cohesión social, sino que también amenaza la estabilidad de las democracias y el bienestar de las comunidades.

Promover un enfoque más informado y crítico hacia el consumo de información puede ayudar a construir un futuro donde la verdad y la transparencia sean los pilares de la comunicación, y donde los individuos estén empoderados para discernir entre la verdad y la manipulación. En este contexto, las redes sociales pueden convertirse en herramientas para el conocimiento, la conexión y el cambio positivo, en lugar de ser vehículos de desinformación y división.

# Capítulo 9
## Privacidad en Peligro: Vigilancia Masiva y el Precio de la Conexión

A medida que las redes sociales y las plataformas digitales se han convertido en una parte integral de nuestras vidas, la privacidad ha emergido como uno de los temas más críticos y controvertidos del mundo contemporáneo. En un entorno donde cada interacción, cada clic y cada comentario se registran y analizan, surge una pregunta inquietante: ¿qué precio estamos dispuestos a pagar por la conexión? Este capítulo final explora la intersección entre la tecnología, la vigilancia masiva y el impacto en nuestra privacidad, así como las implicaciones sociales y psicológicas de vivir en un mundo donde la intimidad se ha convertido en una mercancía.

**La Era de la Vigilancia: Orígenes y Evolución**

La vigilancia masiva no es un fenómeno nuevo. Desde los primeros días de la tecnología de la información, los gobiernos y las corporaciones han buscado maneras de recopilar y utilizar datos. Sin embargo, con el auge de las redes sociales y el acceso a Internet, la magnitud y la sofisticación de esta vigilancia han alcanzado niveles sin precedentes.

Recopilación de Datos: Las empresas tecnológicas han desarrollado algoritmos que pueden recopilar, analizar y almacenar enormes cantidades de datos sobre los usuarios. Cada interacción en plataformas como Facebook, Twitter o Instagram genera información que se utiliza para personalizar experiencias, pero también para crear perfiles detallados de los usuarios. Esta recopilación a menudo ocurre sin el consentimiento explícito de los usuarios y puede incluir datos sensibles, como ubicación, preferencias personales e incluso información sobre las relaciones interpersonales.

El Papel de los Gobiernos: La vigilancia masiva también ha sido utilizada por gobiernos bajo la premisa de la seguridad nacional. A raíz de eventos como los ataques del 11 de septiembre en Estados Unidos, muchas naciones han adoptado políticas que permiten la monitorización de comunicaciones y actividades en línea. Programas como PRISM, revelado por Edward Snowden en 2013, expusieron la escala de la vigilancia estatal y el alcance de la colaboración entre agencias gubernamentales y empresas tecnológicas.

## La Psicología del Consentimiento Informado

A pesar de la creciente preocupación por la privacidad, muchos usuarios continúan utilizando redes sociales y servicios digitales sin comprender completamente las implicaciones de sus elecciones. Este fenómeno se puede atribuir a varios factores psicológicos:

Desensibilización: A medida que la vigilancia se ha vuelto omnipresente, muchas personas han llegado a normalizar la pérdida de privacidad. Este fenómeno de desensibilización hace que la recopilación de datos masiva se perciba como un aspecto inevitable de la vida digital, lo que disminuye la preocupación por el seguimiento constante.

Dilema de la Conexión: Existe un fuerte deseo humano de conexión social y pertenencia. Este deseo puede llevar a los individuos a sacrificar su privacidad a cambio de acceso a plataformas que facilitan la interacción social, creando un dilema donde la conveniencia y el deseo de conectarse superan las preocupaciones sobre la privacidad.

Desconfianza en la Industria: La falta de transparencia en las políticas de privacidad de muchas plataformas contribuye a la desconfianza de los usuarios. Cuando las empresas no comunican claramente cómo se utilizan los datos, los usuarios pueden sentirse inseguros, pero al mismo tiempo, es posible que se sientan impotentes para cambiar su situación, lo que agrava la sensación de pérdida de control.

## Implicaciones Sociales de la Vigilancia Masiva

La vigilancia masiva tiene consecuencias profundas que afectan no solo a la privacidad individual, sino también a la cohesión social y la democracia:

Autocensura: La conciencia de que están siendo vigilados puede llevar a los individuos a autocensurarse, restringiendo su libertad de expresión. Las personas pueden pensar dos veces antes de compartir opiniones políticas o sociales, lo que limita el debate abierto y la diversidad de perspectivas.

<u>Erosión de la Confianza Social</u>: La vigilancia constante puede erosionar la confianza en las instituciones y en los demás. Cuando las personas sienten que están siendo observadas, es probable que se vuelvan más reservadas y menos dispuestas a interactuar con los demás, debilitando el tejido social.

<u>Normalización de la Vigilancia</u>: La aceptación generalizada de la vigilancia masiva puede llevar a su normalización en la sociedad. Las personas pueden comenzar a ver la monitorización constante como algo aceptable, lo que puede llevar a un futuro donde la privacidad personal se considere obsoleta o innecesaria.

## La Lucha por la Privacidad: Desafíos y Estrategias

A medida que la preocupación por la privacidad se intensifica, surgen esfuerzos para proteger los derechos de los usuarios en el entorno digital. Sin embargo, estos esfuerzos enfrentan desafíos significativos:

<u>Legislación Insuficiente</u>: A pesar de algunos avances, como el Reglamento General de Protección de Datos (GDPR) en Europa, muchas legislaciones siguen siendo inadecuadas para abordar la complejidad de la vigilancia digital. Las leyes deben adaptarse rápidamente a un paisaje tecnológico en constante evolución, lo que puede ser un proceso lento y complicado.

<u>Empoderamiento del Usuario:</u> La educación sobre privacidad y el uso de herramientas de protección de datos son fundamentales para empoderar a los usuarios. Los ciudadanos deben estar informados sobre sus derechos y las herramientas disponibles para proteger su información personal. Esto incluye el uso de VPNs, la configuración de privacidad en redes sociales y la comprensión de los términos y condiciones de los servicios en línea.

<u>Responsabilidad Corporativa:</u> Las empresas deben ser responsables de sus prácticas de recopilación de datos y garantizar que protejan la información de sus usuarios. La transparencia en las políticas de privacidad y el compromiso con la ética digital son esenciales para restaurar la confianza de los usuarios.

## El Futuro de la Privacidad en la Era Digital

A medida que avanzamos hacia un futuro cada vez más digital, la protección de la privacidad se convierte en un tema crítico que debe ser abordado de manera urgente. Es esencial encontrar un equilibrio entre la innovación tecnológica y la preservación de los derechos individuales. La privacidad no debe ser vista como un lujo, sino como un derecho fundamental.

## Construyendo un Futuro Sostenible y Privado

<u>Fomento de la Alfabetización Digital:</u> Las instituciones educativas deben incluir la educación sobre privacidad y derechos digitales en sus currículos. Esto ayudará a

crear una población informada que sea consciente de la importancia de proteger su información personal.

Movimientos de Privacidad: La comunidad global debe apoyar movimientos que abogan por la privacidad y la protección de datos. Estos movimientos pueden impulsar cambios legislativos y generar conciencia sobre la importancia de la privacidad en el entorno digital.

Desarrollo de Tecnologías Privadas: La innovación tecnológica debe alinearse con los valores de privacidad. Las empresas tecnológicas deben ser incentivadas a desarrollar soluciones que prioricen la protección de datos y respeten la intimidad de los usuarios.

## La Importancia de Proteger Nuestra Privacidad

La vigilancia masiva y la recopilación de datos han redefinido nuestra relación con la tecnología y han planteado preguntas fundamentales sobre la privacidad en el siglo XXI. A medida que navegamos por este nuevo panorama digital, es crucial que reconozcamos el valor de la privacidad y trabajemos juntos para construir un futuro donde la conexión no signifique renunciar a nuestra intimidad.

Al hacerlo, podemos asegurar que la tecnología sirva como un medio para empoderar a los individuos y fortalecer la sociedad, en lugar de ser un mecanismo de control y vigilancia. La protección de la privacidad no solo es un desafío personal, sino un imperativo social que debe ser abordado con urgencia y determinación.

## Reglamentos y políticas

Las políticas de privacidad son fundamentales para las plataformas de redes sociales (SRS), ya que describen cómo se recopilan, utilizan y comparten los datos de los usuarios. Estos documentos suelen derivar su marco de referencia de directrices establecidas, como los Principios de prácticas justas de información de la Comisión Federal de Comercio de los EE. UU. y el Reglamento general de protección de datos (RGPD) en Europa. Los usuarios en jurisdicciones con regulaciones sólidas pueden sentir que sus intereses están mejor protegidos, lo que los hace más propensos a aceptar los términos establecidos en estas políticas.

Sin embargo, muchos usuarios muestran una falta de compromiso con estos documentos, lo que lleva al fenómeno conocido como la "paradoja de la privacidad", donde las personas expresan preocupación por la privacidad, pero no buscan activamente comprender las políticas que rigen sus datos.

## Marco regulatorio

La eficacia de las políticas de privacidad suele estar influida por la solidez del marco regulatorio en el que operan. En regiones con una legislación débil o inexistente en materia de protección de datos, como Arabia Saudita en el momento de la recopilación de datos, es probable que los usuarios muestren mayor cautela debido a la falta de expectativas de que sus datos se gestionen de forma responsable.

Además, sin leyes explícitas de protección de datos, las leyes de protección del consumidor se vuelven esenciales para salvaguardar los intereses de los usuarios, por lo que la claridad y la naturaleza de los términos de servicio (TOS) son fundamentales para la confianza del usuario.

## Estrategias de mitigación y empoderamiento del usuario

Para abordar estos desafíos, existe una creciente necesidad de empoderar a los usuarios, lo que incluye brindarles herramientas para un mejor control sobre la información personal y la exposición al contenido.

Educar a los usuarios sobre la desinformación, la privacidad en línea y las señales del acoso cibernético también puede ayudar a mitigar algunos de estos desafíos. A medida que las redes sociales siguen evolucionando, es necesario seguir trabajando para crear entornos en línea más seguros y responsables.

## Moderación de contenido y desinformación

Las redes sociales enfrentan desafíos importantes en relación con la difusión de información errónea y noticias falsas. Las plataformas implementan políticas de moderación de contenido que involucran tanto sistemas automatizados como supervisión humana para identificar y eliminar contenido engañoso. Esto requiere algoritmos de entrenamiento para reconocer patrones asociados con información falsa. Además, mejorar la educación de los usuarios en materia de alfabetización mediática puede empoderar a las personas para evaluar críticamente la información que encuentran.

## Medidas de seguridad de datos

La seguridad de los datos es fundamental para mantener la confianza de los usuarios. Las plataformas de redes sociales emplean cifrado de datos, mecanismos de autenticación robustos y auditorías de seguridad periódicas para proteger la información de los usuarios del acceso no autorizado. El cumplimiento de las leyes de protección de datos, como el RGPD y la Ley de Privacidad del Consumidor de California (CCPA), también es esencial, ya que estas regulaciones otorgan a los usuarios derechos sobre sus datos, incluido el derecho a acceder, rectificar y eliminar la información personal.

## Desafíos actuales

A pesar de los avances en materia de protección de la privacidad y cumplimiento normativo, desafíos como las violaciones de datos y las controversias sobre privacidad siguen planteando riesgos importantes. Las plataformas deben adaptarse a las amenazas en constante evolución y colaborar con los reguladores para establecer estándares para toda la industria. Lograr un equilibrio entre experiencias de usuario personalizadas y protecciones rigurosas de la privacidad sigue siendo un desafío constante para los sitios de redes sociales.

## Conclusiones

En este recorrido por el lado oscuro de las redes sociales, hemos examinado los peligros ocultos detrás de la conectividad constante: desde el impacto negativo en la salud mental hasta la pérdida de privacidad y el fomento de adicciones digitales. El uso adictivo de las redes sociales ha generado un aumento en los casos de ansiedad, depresión y aislamiento social, afectando profundamente nuestras relaciones personales y la percepción que tenemos de nosotros mismos. En un entorno donde la validación externa y el culto a la imagen se han convertido en prioridades, es vital detenernos a reflexionar sobre cómo hemos llegado hasta aquí y cómo podemos cambiar.

Pero no todo está perdido. Aunque los problemas son reales y urgentes, este libro también nos ha mostrado que hay propuestas de superación. La clave para enfrentar estos desafíos radica en desarrollar una relación más saludable con la tecnología. Aprender a establecer límites, desactivar notificaciones intrusivas, reducir el tiempo en redes sociales y priorizar las interacciones cara a cara son solo algunos de los primeros pasos hacia una mejor convivencia con lo digital. Es esencial promover la alfabetización digital, para que las generaciones actuales y futuras comprendan mejor cómo proteger su bienestar mental y emocional en un mundo dominado por la tecnología.

Finalmente, a pesar de las dificultades actuales, debemos mirar hacia el futuro con esperanza. La tecnología y las redes sociales tienen el potencial de ser herramientas poderosas para la conexión, el conocimiento y el crecimiento, siempre que aprendamos a utilizarlas de manera consciente y responsable. Si adoptamos una actitud crítica pero constructiva hacia estos entornos, podemos recuperar el control de nuestras vidas digitales y aprovechar lo mejor que el mundo virtual tiene para ofrecer sin sacrificar nuestra salud ni nuestras relaciones.

El futuro de las redes sociales depende de cómo decidimos interactuar con ellas hoy. Con conciencia, educación y compromiso, podemos transformar el panorama digital en un espacio más humano, inclusivo y positivo.

———†———